Emma von Bergenspitz

Glücksorte in Stuttgart

Fahr hin & werd glücklich

Dieses

Glücksbuch

ist für

Liebe Glücksuchende,

Glücksorte in Stuttgart ist weitaus mehr als ein gewöhnlicher Reiseführer. Eher ein Begleiter, den man aus der Tasche zieht, wenn man Lust auf etwas Besonderes hat. Er darf Eselsohren bekommen, die Lieblingsplätze markieren und jede Menge Notizen am Rand.
Ich habe mich mit dem Schreiben dieses Buches auf eine wunderbare Reise durch Stuttgart begeben, mich eingelassen auf neue Plätze und interessante Menschen. Meine Prämisse: besondere Orte, die ihre Besucher begeistern. Orte, wo man sich zu Hause, heimelig, glücklich fühlt und wo mit viel Herz gearbeitet wird. Man kann dort entspannen und abschalten oder tolle Menschen treffen.
Alle Glücksorte habe ich besucht, eingeatmet und erlebt. Nachahmung wärmstens empfohlen. Dann ist die Chance groß, den wunderbaren Zauber von Stuttgart zu entdecken. Einige Orte in diesem Buch sind Empfehlungen von lieben Menschen, die hier im Kessel leben. Dafür bin ich sehr dankbar, denn dadurch habe auch ich ganz neue Glücksorte für mich entdeckt. So ist das Buch nicht nur eine Bereicherung für mich geworden, sondern auch ein Gemeinschaftsprojekt von Stuttgartern für Stuttgarter und seine Besucher. Einen zweiten Blick wagen und neugierig bleiben – auch das macht glücklich.

Emma von Bergenspitz

GLÜCK

Deine Glücksorte ...

... noch mehr Glück für dich

Magischer Garten der Stille

1 Städtisches Lapidarium in der Mörikestraße

Zeig mir ein Museum auf der Welt, wo du alle Exponate anfassen darfst und keiner haut dir auf die Finger. Das Städtische Lapidarium ist so eins. Ein wunderschöner Park als Freilichtmuseum, mitten im Stuttgarter Süden versteckt. Zufällig kommt man hier nicht vorbei. Wohl dem, der es auf dem Plan hat. Denn der entdeckt zwischen eleganten Villen aus dem 19. Jahrhundert einen magischen Ort, liebevoll gepflegt, mit Fragmenten und Skulpturen aus längst vergangenen Epochen, die unter alten Bäumen dahinschlummern.

Ein leiser Ort ist das Lapidarium, weder andächtig noch pädagogisch fordernd, sondern unaufgeregt und mit sich im Reinen. Nichts, was hier seinen Platz findet, ist unversehrt. Sinnliche Nymphen, die wunderschöne, auf einem Felsen schlafende Diana oder der stattliche Apollo von Belvedere, der trotz fehlender Männlichkeit stolz in die Weite blickt – man möchte einfach verweilen, sie anschauen und träumen. Wen interessiert es, dass dem Pan die Flöte und Zeus' Tochter Polyhymnia das Tamburin fehlt?

Gustav Siegle, steinreicher Miteigner der BASF, ließ 1887 den Garten für seine Tochter Margarete zur Hochzeit mit Karl von Ostertag anlegen. Der wiederum machte aus dem Renaissancegarten 1905 ein Lapidarium. Heute beherbergt es über 200 Denkmäler aus fünf Jahrhunderten Stuttgarter Stadtgeschichte inklusive römischer Antikensammlung mit Wandelgang, Brunnenhof und Mosaiken. Trotz seiner Schönheit ist das Lapidarium selten überfüllt. Die wenigen Besucher stören sich gegenseitig in keiner Weise. Für jeden gibt es ein lauschiges Plätzchen zwischen Oleanderbüschen und Edelrosen, zwischen Treppchen, Mäuerchen und Brunnen. Genug Freiraum, dem eigentümlichen Zauber auf dem dicht bewachsenen Serpentinenweg mit seinen verwunschenen Portalen, Gebälkstücken und Fragmenten auf den Grund zu gehen.

Das Lapidarium ist zwischen Juni und September geöffnet. Eintritt frei. In den Sommermonaten finden auch Musikveranstaltungen, Lesungen und Theateraufführungen für Erwachsene und Kinder statt.

● Städtisches Lapidarium, Mörikestraße 24/1, 70178 Stuttgart
www.stadtpalais-stuttgart.de/lapidarium.html
● ÖPNV: Bus 43, Haltestelle Mörikestraße

STAEDT. LAPIDARIUM

Clubatmosphäre pur

2 Der BIX Jazzclub im Gustav-Siegle-Haus

Gedämmtes Licht, warme Farbtöne, ein Band aus messingfarbenen Aluminiumbändern, das Bühne und Zuhörerraum einfasst, textile Raumteiler. Der lässige Jazzclub im Anbau des Gustav-Siegle-Hauses hält, was das Design verspricht. Nämlich, dass alle Anwesenden geschmeidig durch den Abend grooven. 250 Konzerte im Jahr mit regionalen, nationalen und internationalen Jazzgrößen – hier geht's um Musik auf Weltklasseniveau. Aber auch junge Talente aus dem Kessel dürfen sich hier einem größeren Publikum stellen. Benannt wurde das BIX nach dem Jazz-Trompeter Bix Beiderbecke, der die Jazzszene der zwanziger und dreißiger Jahre durch seine einzigartige Spielweise, sein Gefühl für Melodie und seine unverwechselbaren Soli maßgeblich geprägt hat.

Ambiente und Musik spielen hier auf wunderbare Weise zusammen. Vom Konzertraum im Erdgeschoss geht's auf die Galerie in eine Lounge mit eigener Bar. Im Sommer sitzt man urban auf der Terrasse gegenüber der Leonhardskirche. Wenn es nach dem Downbeat Magazine geht, gehört das BIX zu den 50 besten Jazzclubs weltweit. Kann man so unterschreiben, denn es ist mit seiner fantastischen Clubatmosphäre ein Ort zum Amüsieren, Abschalten und Zusammenkommen. Wenn die Musiker die Bühne betreten, die ersten Töne erklingen und der Beat direkt von den Füßen in Bauch und Kopf kriecht, dann entsteht eine magische Atmosphäre, in der sich die Menschen lösen und für ein paar Stunden in eine andere Welt versinken. Man spürt das Glück, mit all den Menschen diese Momente erleben zu können. Und man hat den Eindruck, den Musikern geht es ähnlich.

Bix Beiderbecke hat einmal gesagt: „Das ist eines der Dinge, die ich am Jazz liebe. Ich weiß nicht, was als Nächstes passiert." Muss man auch nicht wissen, einfach überraschen lassen. Das BIX ist einer der wenigen Kulturplätze für das erwachsene Stuttgart. Davon könnte es gerne mehr geben. Wunderbar beschwingt und absolut beseelt geht man hinaus in die Nacht und … ach, da gibt's eigentlich nichts hinzuzufügen.

- BIX Jazzclub im Gustav-Siegle-Haus, Leonhardsplatz 28, 70182 Stuttgart
  www.bix-stuttgart.de
- ÖPNV: U-Bahn U1, U2, U4, U9, U11, U14, Bus 43, 44, Haltestelle Rathaus

Ab ins grüne Paradies

3 Die Hohenheimer Gärten an der Universität

Auch wenn man nicht zu den 10.000 Studenten gehört, die sich derzeit an der Uni Hohenheim Wissen und akademische Grade aneignen, sprechen viele Gründe für einen Besuch dieses geschichtsträchtigen Ortes. Der erste: Hohenheim liegt einfach wunderschön auf einem Höhenrücken über dem Körschbach- und Ramsbachtal. Seit über 200 Jahren sind die Gärten mit dem mächtigen Schloss, ihren verwunschenen Wegen, dem noch aus der Gründerzeit stammenden alten Baumbestand und den vielen kleinen Seen ein Anziehungspunkt für Naturliebhaber und Auszeitsuchende. Den unglaublichen Blick über die Fildern bis zur Schwäbischen Alb inklusive.

Bei einem erholsamen Spaziergang auf dem gut ausgeschilderten historischen Rundweg kann man die Geschichte Hohenheims durchleben. Vorbei am Dörfle gelangt man zum wunderschönen Wirtshaus zur Stadt Rom. Man kann sich gut vorstellen, wie Eduard Mörike hier um 1830 schrieb und flanierte. Vegetationsgeschichte von der Eiszeit bis zum Mittelalter gibt's im Botanischen Garten, etwas neuzeitlicher thront das Monopteros als Bindeglied zwischen moderner und historischer Gartenarchitektur.

Bummelt man weiter durch die einst königlichen Gefilde mit seinen Mammutbäumen, gelb blühenden Magnolien und weitflächigen Wiesenabschnitten, hat man das Gefühl, in einem anderen Jahrhundert zu sein. Herrlich still und sehr majestätisch steht die Jägerallee mit ihren italienischen Pappeln, in deren Baumkronen sanft der Wind rauscht. Einen wunderschönen Ausblick hat man im Südgarten. Die kleine Bank am See mit den sich demütig neigenden Trauerweiden bietet sich an, den Blick auf die Weinberge und Plieningen gerichtet. Wer schon immer mal wissen wollte, wie das Gewöhnliche Pfaffenhütchen oder die Breitblättrige Mehlbeere aussehen, ist hier genau richtig.

Zu jeder Jahreszeit ist Hohenheim ein absolut wunderbarer Ort von außerordentlicher Pracht und romantischer Atmosphäre. Wenn wir das Glück haben und es schneit im Kessel, ist der Winter hier märchenhaft.

- Hohenheimer Gärten an der Universität, Filderhauptstraße 169–171, 70599 Stuttgart, gaerten.uni-hohenheim.de
- ÖPNV: U-Bahn U3, Haltestelle Plieningen, Bus 70, Haltestelle Universität Hohenheim

Nostalgie mit Aussicht

4

Das Teehaus im Weißenburgpark

Dass dies einmal Lieblingsplatz für viele Kesselbewohner würde, hätte Ernst von Sieglin sicher nicht geglaubt. Ab 1898 wohnte der Stuttgarter Unternehmer in der Villa Weißenburg und gestaltete – zu unser aller Vergnügen – 1913 den Weißenburgpark um und ließ unter anderem das heute so beliebte Teehaus erbauen.

Der Weißenburgpark liegt auf einem Hügel im Südosten Stuttgarts. Herkules, der am Fuße wacht, wäre wahrscheinlich, ohne aus der Puste zu kommen, bis zur Aussichtsplattform gerannt. Bei unsereinem machen sich die Höhenmeter bis zum Park schon bemerkbar. Trotzdem, die Mühe ist's wert. Mit seinen kleinen Spazierwegen und lauschigen Sitzplätzen bietet der Park einen idealen Ort zum Entspannen. Im Sommer schnappt man sich einfach eine Decke und einen Picknickkorb und schaut in den Sonnenuntergang. Wer lieber etwas komfortabler sitzen möchte, der wandert zum Teehaus – ein runder Pavillon mit Säulenkranz, ein Mix aus Neoklassizismus und Jugendstildekor. Gemütlich kann man die Seele entweder im Inneren baumeln lassen und die Musikantenszenen im verzierten Kuppeldach bewundern. Oder man lässt sich den Wind um die Nase wehen, nimmt Platz unter großen Bäumen und Sonnenschirmen zwischen den beiden Brunnen und lässt es sich bei einem Stück Kuchen oder Fleischküchle mit Kartoffelsalat so richtig gut gehen.

Unterhalb steht der wunderschöne Marmorsaal, damals schon von Familie Sieglin als festlicher Gartensaal genutzt. Hellgrau, hellblau und weiß sind die Mosaiksteinchen, die den Vorsaal bis zur Balustrade bedecken. Der Saal, leider nicht zu besichtigen, ist sehr beliebt bei Heiratswilligen und buchbar für Konzerte. Man kann aber durch die Fenster spickeln und sich lebhaft vorstellen, was für rauschende Feste dieser Marmorsaal bereits erlebt hat.

Ein paar Schritte sind es noch zur Aussichtsplattform, die unbedingt gemacht werden sollten. Denn die entlockt den meisten Besuchern einfach nur ein ungläubiges „Wow". So grandios ist die Aussicht auf ganz Stuttgart. Manche vergessen hier einfach so die Zeit.

- Weißenburgpark mit Teehaus, 70184 Stuttgart, Tel. (07 11) 2 36 73 60
  www.teehaus-stuttgart.de
- ÖPNV: U-Bahn U5, U6, U7, U12, Haltestelle Bopser

Mix aus Kunst und Geschichte

5 Die Galerie Valentien auf der Gänsheide

Altehrwürdige Zeiten und einen Hauch Nostalgie findet man auf der Gänsheide, einer der vornehmsten Wohngegenden Stuttgarts. Ein echtes Schmuckstück mit inspirierendem Kunstort präsentiert sich dort: die Villa Kopp, erbaut von Paul Bonatz, dem wichtigsten Vertreter der „Stuttgarter Schule". Nach gewonnenem Wettbewerb zum Stuttgarter Hauptbahnhof errichtete der Architekt nicht nur sein neues Wohndomizil in der Gellertstraße 8, sondern gleich nebenan das Haus für Johannes Kopp, Finanzpräsident am königlichen Finanzministerium. Bonatz nutzte geschickt die Topografie und baute beide Villen auffällig neuartig auf einer Hügelkuppe, anstatt wie üblich versteckt in einem Garten liegend. Das garantierte ihm die ungeteilte Aufmerksamkeit der Stuttgarter.

Steht man heute vor dem wunderschönen Haus mit seinen reduzierten, klaren Grundformen, kommt man direkt ins Träumen. Unbedingt sollte man einen Blick hinter die altehrwürdigen Mauern werfen, wo sich seit 1975 die Galerie Valentien befindet.

Ein Haus mit Werken aus klassischer Moderne, aber auch mit zeitgenössischer Kunst: Gemälden, Skulpturen und Grafiken. Hier vermischt sich die Kunst mit der wunderbaren Geschichte dieser Villa. Denn das kinderlose Kopp-Paar vererbte das Haus seiner Wirtschafterin, die seit ihrem 13. Lebensjahr dort diente. Die wiederum verkaufte es 1973 an Dr. Freerk Valentien, bewohnte aber noch die Kammer im Dachgeschoss. Das alles erfährt man im besten Falle von der Hausherrin selber. Imke Valentien, Galeristin und Kunsthistorikerin, war noch ein Kind, als ihr Vater in den unteren Räumlichkeiten die Galerie als Dependance zur Galerie im Königsbau eröffnete. Betritt man die Villa, fühlt man sich wie in einer anderen Zeit. Waschbecken und Hutablage, die wunderschöne Holztreppe mit fein gedrechseltem Geländer, die hohen Fenster, der strenge Architekturgarten mit seinen Skulpturen – alles original wie vor über 100 Jahren. Nostalgie pur in einem wunderschönen Haus, das die Zeit hervorragend überdauert hat.

- Galerie Valentien, Gellertstraße 6, 70184 Stuttgart, Tel. (07 11) 24 62 42
  www.galerie-valentien.de
- ÖPNV: U-Bahn U 15, Haltestelle Bubenbad

Gaumenfreuden mit Ausblick

6 Das Bellevue auf dem Killesberg

Stuttgart hat viele tolle Aussichtsplätze. Unbestritten. Man ist aber auch schnell in der Höh, von wo aus der Kessel in seiner ganzen Pracht Herz und Auge verwöhnt. Seit 2021 ist ein weiteres Schätzlein an Bord, das einfach einen traumhaften Blick gestattet und gleichzeitig den Gaumen verzaubert. Vegetarisch und vegan – mit Raffinesse und Lust an kreativem, gesundem Essen zubereitet.

Am Killesberg in der Stresemannstraße, direkt gegenüber Diskothek und Kulturdenkmal Perkins Park, ist im Bellevue der Name echt Programm. Auch das etwas andere Bauwerk mit seinen riesigen Fensterfronten kann sich sehen lassen. Das Ambiente modern und stylisch. Eine Mischung aus Pavillon und Lounge begeistert bereits, noch bevor man dieses Schmuckstück betreten hat. Wird man vorerst auch nicht, denn der Blick von der Außenterrasse ist so schön, und man schweift weit über das Neckartal entlang.

Egelsee, Leibfriedscher Garten und Rosensteinpark sind in unmittelbarer Nähe. Grabkapelle und Alb flunkern bei Sonnenuntergang in der Ferne. Da steht man nun und vergisst fast, dass man ja noch ein kulinarisches Stelldichein im Inneren der Kuppel hat. Wäre echt jammerschade, das zu verpassen. Die vegetarischen und veganen Gerichte – allesamt mit viel Liebe angerichtet – präsentieren sich mit saisonalen, regionalen und frischen Produkten. Hier wird viel Wert auf einen hohen Nachhaltigkeitsstempel bis hin zu „Zero Waste“-Elementen gelegt. Chefkoch Timo Kadner, kein Unbekannter in Stuttgart, lässt aber auch die leckersten Sachen in seiner Küche kreieren. Auffallend anders, Qualität und Genuss pur. Nichts weniger als das findet man auf seinem Teller. Zum Schluss darf noch ein bisschen gesündigt werden, denn ohne den hausgemachten Kuchen zu probieren, sollte man das Bellevue nicht verlassen. Am Ende lassen sich Aussicht, Geschmack und Erlebnis klar zusammenfassen: Hier ist „le bon goût“ zu Hause.

- Das Bellevue auf dem Killesberg, Stresemannstrasse 38, 70191 Stuttgart, Tel. (07 11) 25 35 00 22, www.bellevuestuttgart.de
- ÖPNV: U-Bahn U5, Bus 43, 44, Haltestelle Killesberg

Schief dr Buggl nuff

7 Mit der Zacke zum Santiago-de-Chile-Platz

Möchte man sich mal so richtig quälen, empfiehlt sich eine Radtour von der Innenstadt die Weinsteige hinauf Richtung Degerloch. Einmal gemacht, sollte man dieses Unterfangen mit der 17-prozentigen Steigung abhaken und sich der schöneren Alternative widmen. Die heißt Zahnradbahn, im Volksmund auch „Zacke" genannt. Seit 1884 fährt die schiefe Bahn vom Marienplatz durch die Alte Weinsteige bis nach Degerloch.

Früher brachte sie die Arbeiter von den Fildern in die Stadt und beförderte Feldfrüchte und Milchkannen zum Markt. Heute gehört Stuttgarts Zahnradbahn zu den vier letzten ihrer Art in Deutschland, ist aber die einzige, die noch im täglichen Alltagsbetrieb zu finden ist. Weil man im Schwabenländle auch ein Herz für Radfahrer hat, können diese ihre Drahtesel auf einen speziellen Fahrradwagen der Zacke stellen. Ohne Extrakosten. Die Bahn erledigt den Rest und schiebt ihn scheinbar ohne Mühen die steilen Hänge hinauf. Hinab freilich nicht, Runterrollen erfordert schließlich keine sportlichen Höchstleistungen. Vom Startpunkt Marienplatz schafft die Zacke schnell ihre Höhenmeter. Sechs Stationen geht's durch verwunschene Gärten und an schönen Häusern vorbei über Liststraße und Pfaffenweg bis zur Wielandshöhe, wo Vincent Klink in gleichnamiger Gaststätte Leckeres auf den Tisch zaubert. Wer vorhat hier auszusteigen, um dort einzukehren, sollte, auch wenn es sich wegen des traumhaften Blicks anbietet, die Frage nach einem Fensterplatz tunlichst vermeiden. Aber das nur am Rande. Wo man aber unbedingt auf einem Platz an vorderster Front bestehen sollte, ist eine Station später am Santiago-de-Chile-Platz. Station Haigst aussteigen und einen der schönsten Blicke auf die Sehenswürdigkeiten im Kessel nebst Weinbergen erleben. Der kleine Park ist ein absoluter Glücksort, weil die Stadt von hier nicht nur wunderschön aussieht, sondern einem quasi zu Füßen liegt. Wer hier immer noch nicht genug von Stuttgarts Höhen hat, dem sei der zehn Kilometer lange Heslacher Blaustrümpflerweg empfohlen.

- „Zacke" Zahnradbahn Stuttgart, Marienplatz, 70178 Stuttgart
- ÖPNV: U-Bahn U1, U9, U34, Haltestelle Marienplatz, U-Bahn U5, U6, U12, Haltestelle Degerloch

Nicht nur Panorama

8 Bismarckturm auf dem Gähkopf

Monumental wirkt er und ein bisschen wie aus der Zeit gefallen. Der Bismarckturm im Stuttgarter Norden. Hoch oben auf dem Gähkopf thront er, oberhalb der Feuerbacher Heide und am Rande des Killesbergs in einer exklusiven Wohngegend, die einige architektonisch interessante Bauten aufzuweisen hat. Da sind beispielsweise das Landhaus Roser und die Villa Porsche zu bewundern, beide von Paul Bonatz entworfen, oder die wunderschöne Villa Levi. Kaum vorstellbar, dass noch im 19. Jahrhundert auf der Feuerbacher Heide Hinrichtungen stattfanden. Zum Glück sind diese Zeiten längst vorbei und das Gebiet um den Bismarckturm hat sich dank seiner traumhaften Lage zu einem beliebten Platz gemausert. Im Sommer kann man hier entspannt zusammensitzen, im Winter Schlitten fahren.

Der Turm selbst, dessen Bau nach dem preisgekrönten Entwurf „Götterdämmerung" vom Architekten Wilhelm Kreis von Studenten der Technischen Hochschule initiiert und 1904 fertiggestellt wurde, ist weder besonders elegant noch schmiegt er sich filigran in die Landschaft. Trotzdem ist er Anziehungsmagnet für viele Stuttgarter und Besucher. In ganz Deutschland gibt es noch 146 erhaltene Bismarcktürme, die zu Ehren von Otto Fürst von Bismarck errichtet wurden. Neun davon stehen in Baden-Württemberg. Heute würde wohl niemand auf die Idee kommen, einer politischen Figur solch Ehren widerfahren zu lassen. Doch der Reichskanzler war damals Kult. Und so entstand auch in Stuttgart ein Turm, der als Feuersäule und Aussichtsturm diente. Erst 2002 wurde er, voll saniert, wieder für die Öffentlichkeit zugänglich.

Kommt man am Bismarckturm an einem Wochenende zwischen Ostern und Oktober vorbei, kann man nochmals 92 Stufen nach oben auf den 20 Meter hohen Turm klettern. Das ist der Moment, wo der Steinkoloss seinen ganzen Charme ausspielt. Denn hier oben genießt man eine gigantische Aussicht in alle Himmelsrichtungen, vom Schloss Solitude bis zur Schwäbischen Alb. Ein absolut überwältigendes Panorama weit über die Grenzen der Landeshauptstadt hinaus.

- Bismarckturm, Am Bismarckturm 36, 70192 Stuttgart
- ÖPNV: Bus 43, 50, Haltestelle Bismarckturm

H. NAGEL

Ein Cocktail über der Stadt

9 Das Jaz Designhotel im Europaviertel

Seit letztem Jahr ist Stuttgart um eine Kult-Location reicher. Das Cloud N° 7, ein gläserner Turm im Europaviertel. Hotel bis zur sechsten Etage, Luxus-Appartementhaus von sieben aufwärts. Genauso wie es von außen wirkt, präsentiert sich das Hotel im Inneren. Hip, lässig, trendy von der Lobby über das Restaurant bis hinein in die 166 Zimmer und Suiten. So weit die Fakten.

Kommen wir zum Genuss. Der findet im Sommer über den Dächern von Stuttgart auf der Wolfram Bar & Terrace statt. Eine außergewöhnliche Location auf dem Dach des Hauptgebäudes. Nicht zu verwechseln mit dem 18. Stockwerk des Cloud. Das hätte vielleicht mit seinen 61 Metern Höhe mehr Cityview aufzuweisen, wird aber nicht als Terrasse geführt. Egal, die sechste Etage kann sich trotzdem sehen lassen, den Fernsehturm immer im Blick und sagenhaften Sonnenuntergängen inklusive. Was die Bücherei vis-à-vis trotz Potenzial leider nicht geschafft hat, vollbringt das Jaz. Nämlich einen Rooftop, der als grüne Oase mit balinesischen Himmelbetten und großzügigen Sitzkreiseln zum Chillen einlädt.

Herzstück ist die Rundbar des italienischen Designers Vondom mit ansehnlichem Barkeeper, der noch ansehnlichere Drinks mixt. Die sind nicht nur ausgefallen, sondern kommen mit überwiegend regionalen und saisonalen Zutaten aus. Natürlich darf hier der Stuttgarter GINSTR nicht fehlen. Ein bisschen Lokalpatriotismus muss sein.

Nach einem langen Tag kann man hier wunderbar abschalten – mit Cocktail in der Hand und chilligen Beats im Hintergrund. DJs aus der ganzen Welt legen hier auf, aber auch Künstler mit Homebase Stuttgart. Das sind so wunderbar laue Abende, wo man seinen Platz im Bali-Bett am liebsten nicht mehr verlassen möchte.

Ein bisschen voyeuristisch ist die Aussicht von den Lounge-Betten schon. Man will gar nicht gucken, checkt aber trotzdem, was da so im Nachbargebäude geht. Und umgekehrt. Wie man die Situation rettet? Man prostet sich einfach lässig zu. Die New Yorker haben den Sex, wir das Jaz in the City. Passt.

- Jaz Stuttgart, Wolframstraße 41, 70191 Stuttgart
www.jaz-hotel.com/hotels/jaz-stuttgart
- ÖPNV: S-Bahn S1, S6, Haltestelle Hauptbahnhof, U-Bahn U5, U6, U7, U15, Haltestelle Stadtbibliothek

Besinnung auf den Ursprung

10 Manufactum brot & butter

Der Duft von frisch gebackenem Brot weht einem gleich am Eingang um die Nase. Das hat was. Wer das klassische Manufactum im Untergeschoss mit seinen Dingen wie aus Großmutters Zeiten mag, wird sich auch im Reich des Genusses im Erdgeschoss wohlfühlen. Ein großzügiger Raum mit hellem Holz, weißen Säulen, die Decke offen gehalten. Drei Theken für Brot, Käse und Wurst. Bistrobereich innen und außen sowie eine Showküche und der „gläserne Bäcker". Dem kann man durch eine Scheibe getrennt vom Café oder Außenbereich bei seiner Arbeit über die Schulter schauen. Manchmal bleiben Passanten stehen und drücken sich die Nase platt. Zu sehen gibt's ja auch das, was man beim normalen Bäcker leider nicht mehr sieht. Schnell mal aufbacken kennt man hier nicht. Stattdessen wird sich viel Zeit genommen für jeden der handwerklichen Arbeitsschritte. Das Ergebnis hebt sich deutlich ab vom Herkömmlichen. Sauerteigbrot, Tessiner Bauernlaib oder Französisches Landbrot, Wurzel- oder Roggenvollkornbrot, Flûte oder Parisette, Campaillou oder Milchstuten. Bei dem Angebot fällt die Wahl echt schwer.

Es gibt natürlich mehr als nur Brot. Mittel zum Leben – so könnte man das Angebot hier bezeichnen. Nicht alles ist Bio, aber alles kommt von ausgesuchten Herstellern, meist kleinen Manufakturen. Fabrikware ist hier nicht zu finden. Es wird auf alles verzichtet, was Zusatzstoffe betrifft. Artgerechter, regionaler Haltung und altbewährten Rassen gibt man hier den Vorzug.

Wer einen Platz zum Frühstücken oder für kleine Mittagssnacks in Stuttgart sucht, bei dem sollte das Manufactum unbedingt auf dem Plan stehen. Ein mit Käse belegtes Landbrot oder der süße Hefeknoten sind klasse, dazu einen Kaffee mit Bohnen aus einer kleinen Rösterei. Hier kann man einfach genießen. Das Manufactum brot & butter ist ein Platz, der dem Lebensmittel wieder mehr Bedeutung schenkt, der das Ursprüngliche wieder aufleben lässt. Weniger ist mehr, das passt hier wunderbar zusammen. Ein echter Glücksort eben.

- Manufactum brot & butter, Lautenschlagerstraße 16, 70173 Stuttgart, Tel. (07 11) 2 20 27 91, www.manufactum.de
- ÖPNV: S-Bahn, S1, S6, Haltestelle Hauptbahnhof, U-Bahn U5, U6, U7, U12, U14, U15, U29, Haltestelle Hauptbahnhof Arnulf-Klett-Platz

Traum aus Tüll und Musik

11 Opernhaus – Familienführung mit Tanzworkshop

Einmal als Dornröschen oder Klara über die Bühne schweben, schön und anmutig, scheinbar leicht und mühelos, in traumhaften Kostümen und zu Musik, die die Seele berührt. Das alles wünschen sich die kleinen Ballettfans, wenn sie mit ihren Eltern aufgeregt die Freitreppe zum Opernhaus emporsteigen. An ausgewählten Wochenenden öffnet das Theater seine Pforten und zeigt, wie es hinter den Kulissen aussieht. Und nicht nur das. Die Nachwuchseleven dürfen selber ein paar Schritte aus bekannten Ballettstücken versuchen.

Groß und Klein entdecken die Räume in einem der größten Theaterbetriebe weltweit, die das Publikum sonst nicht betreten darf. Bereits das Foyer des ersten Rangs fasziniert mit seinen Marmorbüsten von Dichtern und Komponisten. Die Innenräume und die Bühne des Opernhauses, die 1984 wieder in ihren ursprünglichen Zustand zurückgeführt wurden, verschlagen einem mit ihrem großen Deckengemälde und dem unglaublichen Ambiente glatt den Atem. Ein großartiges Gefühl breitet sich aus, wenn man diesen wunderbaren Saal nun aus Künstlersicht bewundern darf.

Ehemalige Tänzerinnen des Stuttgarter Balletts geleiten durch die Führung und haben eine Menge spannender Geschichten aus ihrem nicht immer leichten Tanzalltag zu erzählen und von den vielen, für Zuschauer normalerweise unsichtbaren Abläufen hinter den Kulissen. Im Theatermalsaal sieht man, wie die wunderschönen Kulissen entstehen. Reifröcke, Kronen oder Schwerter sind die Aufgaben der Rüstmeisterei. Das meiste Staunen aber gibt's bei der Kostümschneiderei. Dort stehen sie, die sagenhaften Kleider aus Romeo und Julia oder Giselle. Ein Traum aus Tüll, Spitze und Schmucksteinchen. Alles handgemacht. Hier könnte man ewig verweilen. Aber es geht weiter, denn schließlich soll ja auch noch getanzt werden.

Und dann ist man im Ballettsaal, dort, wo auch die Profis trainieren. Die Musik erklingt, und ein Leuchten fliegt nicht nur über die Gesichter der Kinder …

● Opernhaus, Oberer Schloßgarten 6, 70173 Stuttgart, Tel. (07 11) 20 32-4 20
www.stuttgarter-ballett.de

● ÖPNV: S-Bahn S1, S6, U-Bahn U5, U6, U7, U12, U14, U15, U29, Bus 40, 42, 44 Haltestelle Hauptbahnhof, U-Bahn U1, U2, U4, U9, U14, Bus 40, 42, Haltestelle Staatsgalerie

100 Stufen zum Glück

12 Der Aussichtsturm Burgholzhof

Der Burgholzhof ist längst kein Geheimtipp mehr. Einst landwirtschaftliches Gut, später Eigentum der königlichen Hofdomänenkammer, entwickelte er sich bereits 1869 zu einem beliebten Ausflugsziel. Das ist bis heute so geblieben. Wunderschöner Ausblick, wenig Verkehr und Weinberge, wohin das Auge reicht. Es würde theoretisch schon genügen, auf einer Bank zu sitzen und zwischen den Weinreben hindurch auf die Schwabenmetropole zu blicken. Rotenberg, Stadion, Wasen, Neckar, Gaskessel, Fernsehturm – bereits bei dieser prachtvollen Aussicht könnte man alles um sich herum vergessen. Sitzt man hier an einem schönen Spätsommer- oder Herbsttag, tut die Sonne ihr Übriges und verwandelt das Grün der Weinberge in eine wunderbare Farbenpracht. Einfach mal die Augen schließen und genießen.
Es gibt noch eine Steigerung, jedenfalls was die Rundumsicht betrifft. Die allerdings benötigt etwas Muskelkraft. Hinauf auf den Burgholzhofturm. Der steht da seit 1891 und ist der einzige der großen Aussichts-türme der Landeshauptstadt, der die Kriegswirren überstanden hat. Wegen der Aussichtslage ließ der Verschönerungsverein Cannstatt durch Stadtbaumeister Friedrich Keppler diesen Aussichtspunkt „in der Form eines altertümlichen Kastells am Rande des Berghanges gegen die Stadt Cannstatt“ erbauen. 27 Meter hoch, wurde er am 19. September 1891 in Gegenwart von Kronprinz Wilhelm, später König Wilhelm II., festlich eingeweiht. Da steht er nun am östlichen Ortsrand auf dem höchsten Punkt von Bad Cannstatt. 100 Stufen zum Glück muss man hinter sich bringen, um die oberste Plattform zu erreichen. In dieser luftigen Höhe und die Weinberge zu Füßen erstreckt sich der Blick über die Stadt bis weit ins Neckartal hinein. Im Norden und Osten kann man die Löwensteiner Berge entdecken und zum Welzheimer Wald schauen. Absolut großartig.
Von Mai bis Oktober kann man den Burgholzhofturm an den Wochenenden erklimmen. Cannstatter und Stuttgarter Vereine sorgen im Wechsel für das leibliche Wohl der Besucher.

- Aussichtsturm Burgholzhof, Auerbachstraße 200, 70376 Stuttgart
- ÖPNV: Bus 52, 57, Haltestelle Burgholzhof, Bus 57, Haltestelle Alter Gutshof

Trink ich ihn, den Rebensaft

13 Das Gasthaus Ochsen in Uhlbach

Schwaben können nicht nur schaffen, sie wissen auch richtig zu genießen. In zahlreichen Besenwirtschaften und urigen Gasthäusern sitzt man zusammen, trinkt Viertele, isst wunderbar hausgemachte Köstlichkeiten und schwätzt übers Leben. Im idyllischen Weinort Uhlbach, am östlichen Rande von Stuttgart, kann man nicht nur die berauschend schöne Landschaft und alte Fachwerkhäuser bewundern, sondern auch absolut urig einkehren.

Echte Tradition erlebt man im Ochsen am Fuße des Württembergs. Seit 130 Jahren in Familienbesitz, haben auch heute die Ochsen-Wirtinnen das Sagen hier. Bei Uta und Elke Wagner ist man als Schwoab und Reigschmeckter gleichermaßen gern gesehen. Die Tische in der kleinen gemütlichen Gaststube sind schnell belegt. Und dann heißt's, zusammenrutschen. Es dauert maximal ein Viertele und man kommt ins Gespräch. Im Optimalfall mit Ur-Uhlbachern. Die lieben ihren Ochsen und kehren seit eh und je hier ein. Nicht nur um zu essen, was allein schon Grund genug wäre, denn die schwäbische Küche ist ausgesprochen lecker. Die hausgemachten Maultaschen ebenso wie der Rostbraten. Dazu Wein vom Collegium Wirtemberg. Nein, die Uhlbacher kommen auch, um zu kommunizieren. Das sagt jedenfalls Marga. Sie und ihr Mann sind mit guten Freunden hier. Man kennt sich seit frühester Jugend und hat entsprechend viele Geschichten auf Lager. Dass sie schon seit 30 Jahren in Rente sind, sieht man ihnen nicht an. Dass sie das Leben genießen, schon, denn sie stecken alle Gäste am Tisch mit ihrer Lebensfreude an. Die Viertele fließen, der alte Mörike wird viel und gerne zitiert. Es kann vorkommen, dass man hier drinnen völlig die Zeit vergisst. Warum der Ochsen so beliebt ist, wird schnell klar. Alles ist hier noch wie früher. Das Essen, die Gaststube, die alte Eckbank, die holzgeschnitzten Bilder. Wenn's passt, setzen sich die Wagner-Schwestern zu ihren Gästen. Und da man ja so jung wie jetzt nie wieder zusammenkommt, lässt man den guten Wein noch etwas plätschern. Was für ein schönes Flecka Heimat.

- Weinstube Ochsen Uhlbach, Markgräflerstraße 6, 70329 Stuttgart, Tel. (07 11) 32 29 03, www.ochsen-uhlbach.de
- ÖPNV: Bus 62, Haltestelle Uhlbach

Ochsen

Ein Tag am See

14 Das Naherholungsgebiet am Max-Eyth-See

Ein See, in dem man nicht baden kann, ist eigentlich kein glücklicher Umstand. Trotzdem zieht es vom Frühling bis in den Herbst viele Stuttgarter an den Max-Eyth-See zwischen den Stuttgarter Stadtteilen Mühlhausen und Hofen. 1961 wurde das gesamte Gelände unter Landschaftsschutz gestellt. Drei Vogelschutzinseln bieten Vogelarten wie Graureihern, Graugänsen, Schwänen oder Kormoranen einen sicheren Lebensraum.

Trotz Badeverbot kann man das Gewässer nutzen. Eine Seefahrt, die ist lustig … stimmt auch hier, darum auf jeden Fall mal eines der Boote anmieten. So fährt man romantisch im Ruderboot vorbei an lauschigen Plätzen mit ausladenden Weiden, deren Zweige ins Wasser tauchen, schaut den Anglern zu, wie sie geduldig ihr Glück versuchen, und sichtet Entenmütter mit ihrem piepsenden Nachwuchs. Der künstlich angelegte See ist aber auch ein Treffpunkt für Radfahrer oder Inlineskater, die unter der Woche die wunderschönen Wege nutzen dürfen. Spaziergänger können den 600 Meter langen und 300 Meter breiten See mit Blick auf die Weinberge umrunden. Wer gerne wandert, dem sei der dreistündige 4-Burgen-Rundwanderweg empfohlen, der an historischen Plätzen mit toller Aussicht vorbeiführt. Für alle Sonnenanbeter ist es das wahre Paradies, auf den großzügigen Rasenflächen einfach zu faulenzen oder am Sandstrand zu picknicken. An den Wochenenden im Sommer hat man allerdings manchmal das Gefühl, bei den Grillweltmeisterschaften zu sein.

Wer von den Stadtteilen Freiberg und Rot kommend zu dem 17 Hektar großen See möchte, der kann dies über den idyllisch in die Landschaft eingepassten filigranen Max-Eyth-Steg tun. Der führt über den Neckar und wird von den Schwaben liebevoll „Golden Gatele“ genannt. Ein Tag am See lohnt sich. Wer kann, kommt unter der Woche, da hat man den ruhig daliegenden See fast für sich alleine und könnte glatt vergessen, dass man sich noch in Stuttgart befindet.

- Naherholungsgebiet Max-Eyth-See, Am Max-Eyth-See, 70378 Stuttgart
- ÖPNV: U-Bahn U12, U14, Haltestellen Wagrainäcker, Hofen, U-Bahn U12, U14, Bus 54, Haltestelle Max-Eyth-See

Mach doch mal 'ne Auszeit

15 Das Mama Spa in der Augustenstraße

Jetzt mal Hand aufs Herz. Der Alltag einer Frau kann ganz schön stressig sein. Und man vergisst dabei häufig was Entscheidendes: sich selbst. Deshalb ist es gut, sich von Zeit zu Zeit eine kleine Flucht zu ermöglichen, die innere Balance wieder in Einklang zu bringen und sich selber ein paar echte Glücksmomente zu bescheren. In Stuttgart gibt es eine kleine feine Institution, die einem genau diese Momente beschert. Das Mama Spa in der Augustenstraße. Der Name suggeriert es schon, hier geht's um Frauen, um Mamas und die, die noch in froher Erwartung sind. Inhaberin Christina Haneberg, vielen bekannt als Gründerin des Modelabels blutsgeschwister, war selbst auf der Suche nach Entspannung während ihrer Schwangerschaft. Und fand gar nichts. Also beschloss sie, das zu ändern und eröffnete 2011 ihr SPA. Ein Kleinod mitten in der Innenstadt, gegenüber das Gerber, dazwischen die Hauptstraße, viel Lärm und Hektik. An Entspannung ist da irgendwie noch nicht zu denken. Das ändert sich schlagartig, wenn man den kleinen Wellnesstempel betritt.

Der Eingangsbereich ist schon ein Schmankerl fürs Auge und so ganz anders mit seinen unterschiedlichen Bodenfliesen, den tollen Sesseln und Tischchen, dem Mix aus Schwarz und Weiß, aufgepeppt mit Farbhighlights. Das coole Design, das ein bisschen an Alice im Wunderland erinnert, zieht sich auf drei Etagen durch alle Räumlichkeiten. Viele nette Kleinigkeiten zaubern eine heimelige Atmosphäre, in der man sich augenblicklich wohlfühlt. Das Angebot kann sich sehen lassen. Von DaySpa im wunderschönen Wellnessbereich, verschiedenen Behandlungen für Gesicht und Körper über entspannende Massagen bis hin zu den Mama Treatments – das junge Team lässt es wirklich an nichts fehlen. Mit Charme und Professionalität machen sie aus jeder Kundin eine Diva und lassen ein Gefühl von absoluter Geborgenheit entstehen. Und wenn doch mal Land unter ist im Alltag, ist es tatsächlich ein Glücksmoment, wenn die Mail vom MamaSpa-Team liebevoll daran erinnert, dass bald wieder eine Auszeit auf einen wartet. Wie wunderbar, dem Alltag einfach mal gepflegt zu entfliehen.

- Mama Spa, Augustenstraße 2, 70178 Stuttgart, Tel. (07 11) 65 81 92 92
  www.mamaspa.de
- ÖPNV: S-Bahn S1, S2, S3, S4, S5, S6, S11, S60, Haltestelle Feuersee

Anita
Hildegard
Bette

Die Krüge hoch!

16 Cannstatter Volksfest und Frühlingsfest

Zweimal im Jahr wird aus der Schwabenmetropole eine Stadt der Dirndl und Lederhosen. Das Cannstatter Volksfest im Herbst und das etwas kleinere und jüngere Frühlingsfest nach der Winterpause versetzen Stuttgart in einen Ausnahmezustand. 1818 hatten Königin Katharina und ihr Mann König Wilhelm I. eine zukunftsträchtige Idee, die heute noch als glückliche Fügung gelten kann. Zur Aufmunterung in den harten Zeiten der Hungersnot rief das Monarchenpaar ein landwirtschaftliches Fest mit Volksfest ins Leben. Das erste Fest auf dem Cannstatter Wasen dauerte einen Tag. Dafür kamen unglaubliche 30.000 Menschen, obwohl damals die Oberamtsstadt Cannstatt und die Residenzstadt Stuttgart zusammen gerade mal 25.000 Einwohner zählten. Das ist heute, was die Zahlen betrifft, nicht anders. Nur dass diese sich im Millionenbereich abspielen.

Bis zum Nachmittag sieht man Familien mit Nachwuchs über den Wasen bummeln, kandierte Früchte und Zuckerwatte essen, Karussell fahren, sich in der Geisterbahn gruseln. Der Abend gehört den Erwachsenen in den Festzelten. Vor allem die Jungen haben das Fest und auch die Tracht für sich entdeckt. Gestanden wird auf den Bänken, gesungen laut und schief. Hauptsache textsicher. Über Muskelkater am nächsten Tag muss man sich nicht wundern. Unzählige „Die Krüge hoch!“ vom Kapellmeister fordern ihren Tribut.

Auch die Schausteller haben einiges zu bieten. „Schneller, höher, weiter“ lautet das Motto. Achterbahn mit Looping, Kettenkarussell in schwindelnder Höhe oder Freefall-Tower. Von dort hat man einen wunderbaren Blick über den Kessel, bevor man mit gefühlter Lichtgeschwindigkeit in die Tiefe saust. Adrenalin pur.

Auch wenn der Wasen an manchen Tagen fast überquillt, so ist es doch ein wunderbarer Brauch, zusammen zu feiern. Am schönsten ist es in den Abendstunden mit unzähligen Lichtern und dem süßen Duft gebrannter Mandeln. Ein Fest, das den Menschen schon vor der ersten Maß ein Lachen ins Gesicht zaubert. Viel Tradition und am Ende ein Lebkuchenherz. Passt.

- Cannstatter Wasen Stuttgart, Mercedesstraße, 70372 Stuttgart
www.wasen.de
- ÖPNV: U-Bahn U11, U19, Haltestellen Cannstatter Wasen oder NeckarPark (Stadion)

Am Brunnen auf der Höh'

17 Der Galateabrunnen an der Eugenstaffel

Wenn es im Kessel so richtig heiß ist, bietet ein schattiges Plätzchen eine willkommene Gelegenheit, für eine Weile die Seele baumeln zu lassen. Ein Ort, der Schatten, Abkühlung und einen atemberaubenden Blick über die Stadt bietet, ist der Eugensplatz. Ein wunderschöner Platz für eine Auszeit in der eigenen Stadt. Läuft man die Eugenstaffel von der Urbanstraße hinauf, braucht man schon etwas Puste, denn 175 Stufen sind nun mal kein Zuckerschlecken. Aber man muss ja nicht hetzen, sondern kann bereits den Aufstieg genießen. Das Stäffele ist nämlich ziemlich romantisch mit seinem schmiedeeisernen Geländer, den gewollt verwilderten Gärtchen und den hohen Bäumen links und rechts. Schon von Weitem erblickt man Galatea, die schöne Nymphe aus der griechischen Mythologie. Sie wurde von Königin Olga gestiftet. Kommt man näher, steht man vor einem der prachtvollsten Brunnen Stuttgarts, der vom Architekten und Bildhauer Otto Rieth sowie dem Erzgießer Paul Stotz geschaffen wurde. Seit 1890 plätschert er am Eugensplatz und ist magischer Anziehungspunkt vom Frühling bis in den Spätsommer hinein.

Bevor man es sich auf der Balustrade des Brunnens gemütlich macht und ganz berauscht vom fantastischen Kesselblick nur noch geradeaus schaut, sollte man den Kopf einmal drehen. Gegenüber vom Eugensplatz wartet schon der Pinguin am wohl bekanntesten Eis-Spot der Stadt mit 26 hausgemachten Eissorten. Eine leckerer als die andere.

Und so kommt es ziemlich häufig vor, dass an lauschigen Sommerabenden der altehrwürdige Eugensplatz mit seiner Galatea zu Füßen mächtig voll ist mit Menschen, die sich einfach ein bisschen Muße und Genuss gönnen. Der römische Dichter und Philosoph Seneca hat mal gesagt: „Es ist nicht zu wenig Zeit, die wir haben, sondern es ist zu viel Zeit, die wir nicht nutzen." Mit einem Ausflug zum Eugensplatz ist die Zeit jedenfalls nicht vergeudet. Dazu ein Mercedes-, SSB- oder Smart-Eis. Mehr Stuttgart geht nicht.

- Galateabrunnen an der Eugenstaffel, Eugensplatz, 70184 Stuttgart
- ÖPNV: Bus 42, U-Bahn U15, Haltestelle Eugensplatz

Fast zu schön zum Reinbeißen

18

Patisserie Tarte & Törtchen

Die Entscheidung fällt echt schwer. Im kleinen Laden von Aline John stehen zwölf Törtchen in Miniaturausgabe. Mit Namen, die für sich schon ein Ereignis sind. Dreikäsehoch, Blau-Bär, Bermuda-Dreieck, Wunschpunsch. Und genau so sehen sie auch aus, wie Meisterwerke. Das Café in der Gutbrodstraße ist Schlemmertreffpunkt, traumhafter Platz, Kommunikationsinsel. Man kennt sich, die Atmosphäre ist wunderbar familiär, alles ist liebevoll eingerichtet. Solange die Temperatur es erlaubt, sitzt man am liebsten draußen beim gemütlichen Frühstück, auch wenn der Tag schon in den Mittagstunden liegt. Ruhe und Lebensgefühl scheinen im Westen ziemlich ausgeprägt zu sein, auf jeden Fall tickt die Zeit hier langsamer. Selbst wenn die Schlange am Wochenende mal etwas länger wird, haben die Gäste ihren Spaß. Denn sie lieben das nachhaltige Konzept von Tarte & Törtchen. Hier wird noch alles von Hand in der hauseigenen Backstube produziert. Brötchen, Marmelade, Eis, Müsli, Hochzeitstorten, bei denen tatsächlich kein Krümel übrig bleibt, und eben diese leckeren Törtchen, mit denen vor sechs Jahren alles anfing.

Die Chefin weiß ganz genau, woher ihre Rohstoffe kommen und sucht diese mit Bedacht aus. Geschmack, Konsistenz, Genuss und Qualität sind ihr wichtig. Je nach Saison gibt's ganz unterschiedliche Kreationen, denn die Konditorin verwendet fast ausschließlich regionale und hochwertige Zutaten in Bioqualität. Künstliche Aromastoffe oder Haltbarkeitsmittel kommen nicht in die Schüssel! Die eigenen Törtchenkreationen bieten unglaubliche Geschmackskomponenten. Jeder Biss ist anders und ein absolutes Erlebnis. Glück pur, das auf der Zunge zergeht. Braucht's mehr Worte? Eigentlich nicht. Tarte & Törtchen ist ein lukullisches Wunderland aus filigranen Kunstwerken. Wunderbar zum Anschauen. Die Superlative dazu: Einfach reinbeißen und genießen!

- Patisserie Tarte & Törtchen, Gutbrodstraße 1, 70197 Stuttgart, Tel. (07 11) 91 25 35 05, www.tarteundtoertchen.de
- ÖPNV: S-Bahn S1, S2, S3, S4, S5, S6, S60, Haltestelle Schwabstraße, Bus 42, Haltestelle Bismarckplatz

Parkjuwel mit Aussicht

19 Der Höhenpark Killesberg

Wo andere Großstädter lange Wege ins Grüne zurücklegen müssen, haben die Stuttgarter einen wunderschönen Park nicht weit von der Stadtmitte entfernt: der Höhenpark auf dem Killesberg, ein ehemaliger Steinbruch, der sich im Frühjahr zu einem Meer aus Blumen, Bäumen, Sträuchern und gemütlichen Grünflächen verwandelt. Ein Park für Familien gleichermaßen wie für Ruhesuchende, denn Platz ist hier genug. Steigt man über die Gleise der Killesbergbahn, die einmal durch den ganzen Park dampft, hat man den Trubel der Stadt auch schon vergessen. Man könnte es bei einem Picknick auf der an unbeschwerte Kindheitstage erinnernden Blumenwiese belassen, vielleicht an einem der vielen kleinen Seen, unter einer im Wind wiegenden Magnolie träumend. Aber dann sticht dieser Turm ins Auge, der so zierlich und filigran im Park thront, als könne er kein Wässerchen trüben.
Was der Wetterhahn auf der Spitze bereits weiß: Dieser 40 Meter hohe Killesbergturm hat es in sich. Schwindelfrei sollte man sein, denn die offene Wendeltreppe schlängelt sich hoch und beim Runterschauen bekommt so mancher ein mulmiges Gefühl. Das verstärkt sich noch, denn der Turm schwingt! Leicht, aber er tut es. Der Konstrukteur wurde dafür ausgezeichnet. So mancher Besucher macht einfach kehrt auf die sichere Picknickdecke. Doch auch hier wird der Mutige belohnt, denn hat man die vierte Aussichtsplattform erreicht, eröffnet sich ein wunderbarer Panoramablick. Schwäbische Alb, Remstal, Festung Hohenasperg. Herrlich.
Hat man wieder sicheren Boden unter den Füßen, darf man sich wie zu Großmutters Zeiten auf dem nostalgischen Jahrmarkt amüsieren. Eliszi's historisches Theaterzelt, das Kettenkarussell, aber auch Spielplatz und Tierwiese dürfen beim Besuch im Höhenpark unter keinen Umständen verpasst werden. Ein absoluter Traum ist das Lichterfest im Sommer. Für einen Abend verwandelt sich der Killesberg in ein magisches Feenreich. Halb Stuttgart ist dahin unterwegs, genießt den beleuchteten Turm, das Feuerwerk und die berauschende Atmosphäre.

- Höhenpark Killesberg Stuttgart, Am Kochenhof 16, 70192 Stuttgart
www.killesberg.de
- ÖPNV: U-Bahn U5, Bus 43, 44, 50, Haltestelle Killesberg

Ein Abend in den Weinbergen

20 Das Collegium Wirtemberg

Langsam geht die Sonne über dem Rotenberg unter, der Wind weht lau. Auf Strohballen sitzen ausgelassene Menschen weit drinnen in den Weinbergen, den Blick in das schöne Neckartal gerichtet, in der Hand ein Glas Wein. Klingt herrlich? Ist es auch. Einen edlen Tropfen dort genießen, wo er herkommt, das geht bei der Weinmeile. Wenn das Collegium Wirtemberg am ersten Augustwochenende einlädt, lassen sich das die Stuttgarter nicht zweimal sagen. Wunderbar entrückt vom Trubel der Großstadt sitzt man hoch überm Neckartal unterhalb der Grabkapelle an der Rotenberger Kelter. Die Weingärtner von Uhlbach und Rotenberg präsentieren ausgesuchte Tropfen und kleine Köstlichkeiten aus der Küche. Es herrscht ein außergewöhnliches, stimmungsvolles Ambiente, und wenn das Wetter mitspielt, sitzt man hier bis Mitternacht mit anregenden Gesprächen und feinen Collegiumsweinen. Gehören Freitag und Samstag der Weinmeile, dreht sich am Sonntag beim traditionellen Jazz-Frühschoppen alles um Musik und Wein – mitreißende Rhythmen, exquisiter Wein und erstklassige Kulinarik. Schon mal ein Sunset Wine Tasting mitgemacht? Das sollte ebenfalls ganz oben auf der Bucket List für Stuttgart stehen. Jeden letzten Samstag zwischen Mai und August führen junge Wineguides durch die Rebenlandschaft rund um die Rotenberger Kelter. Wie schmeckt so ein echter Württemberger vom Württemberg? Was für Sorten werden hier angebaut? Was passiert eigentlich das Jahr über in den Weinbergen? Wie sieht die Arbeit der Winzer aus? All das erfährt man bei einem Bummel durch den Rebsorten-Parcours. Auf dem Weinpfad darf man schon das ein oder andere Tröpfchen probieren. Der Abend klingt ganz gemütlich aus, natürlich mit Wein und kleinem Imbiss auf der mediterranen Sommerterrasse und einem atemberaubenden Sonnenuntergang.

● Collegium Wirtemberg, e.G. Kelter Rotenberg, Württembergstraße 230, 70327 Stuttgart-Rotenberg, Tel. (07 11) 3 27 77 58-0, www.collegium-wirtemberg.de
● ÖPNV: Bus 61, Haltestelle Sonnenbühl

Reise in die Vergangenheit

21 Das Bohnenviertel

Stuttgart hat sie noch, die schönen Quartiere mit ihren eigenen Welten. Ein ganz besonderer Ort ist das Bohnenviertel. Im 15. Jahrhundert entstanden, war es das erste Wohnquartier außerhalb der Stadtmauer. Ansässige Handwerker und Tagelöhner pflanzten Bohnen vor ihren Häusern und in den Gärten, um im Winter etwas zu essen zu haben. Daher der Name. War es früher das Viertel der kleinen und meist armen Leute, hat es sich heute, eingeschlossen zwischen Charlotten-, Olga- und Hauptstätter Straße, zu einer kleinen Insel fernab vom Großstadtgetümmel entwickelt.

Die schönste Art, es zu erkunden, ist mit einer geführten Tour. Kurzweilig, spannend und äußerst informativ erzählt, erfährt man dabei die Geschichten hinter den Häusern. Zum Beispiel, was es mit der ältesten Restauration „Zur Kiste" in der Kanalstraße auf sich hat, die einst der Kutscher des Königs erhielt und sie zu einem Gasthaus machte. Angeblich soll der König in Hausschlappen vom Wilhelmspalais gegenüber gekommen sein, um ein Viertele zu trinken. Schöne Geschichte, allein der Wahrheitsgehalt ist fraglich. Wahr ist, dass 1886 Gottlieb Daimler unter falschem Vorwand beim Hofkutschlieferanten im Bohnenviertel eine Kutsche bestellte, sie mit einem Motor ausstattete und als umfunktioniertes Automobil damit durch die Stadt fuhr. Dafür bekam er Roßbolla von der aufgeregten Bevölkerung hinterhergeschmissen.

Weiter geht's durch die engen kopfsteingepflasterten Gassen, vorbei an liebevoll restaurierten Läden, kleinen Galerien, gemütlichen Cafés und urigen Weinstuben, mit einem Abstecher durch die malerischen Hinterhöfe. Um dieses ursprüngliche Flair und die Beschaulichkeit richtig wirken zu lassen, setzt man sich am besten in eine der urigen Weinstuben und tut es den anderen gleich, die in aller Ruhe ihr Viertele schlotzen.

Einmal im Jahr feiert sich dieses Kleinod beim Bohnenviertelfest selbst und beweist einmal mehr, wie facettenreich, lebendig und absolut liebenswert es ist. Die Mischung ist einfach so gut hier: Von ällem ebbes.

- Bohnenviertel, 70182 Stuttgart, www.stuttgart-tourist.de
- ÖPNV: U-Bahn U1, U2, U4, U9, U14, Bus 44, Haltestelle Charlottenplatz

Stetter
Weinhandel
32
P

Pack die Badehose ein

22 Ebnisee im Schwäbischen Wald

Manchmal ist es aber auch schwül im Kessel. Die Hitze staut sich, kaum auszuhalten. Abkühlung heißt das Zauberwort. Natürlich könnte man eines der zahlreichen Freibäder besuchen. Man kann aber auch guten Gewissens einen Tagesausflug an den Ebnisee machen. Der liegt rund 50 Kilometer von Stuttgart entfernt, sehr idyllisch gelegen zwischen Althütte, Kaisersbach und Welzheim.

Mit seinen bewaldeten Ufern schmiegt sich die „Perle des Schwäbischen Waldes" wie ein natürlicher See in das Tal der Wieslauf. Kommt man bereits am Morgen, empfangen einen verträumte Winkel und die stille Magie des Sees. Ferienstimmung inklusive. Man könnte natürlich den ganzen Tag auf einer der Liegewiesen in der Sonne brutzeln und vor sich hin dösen. Viel mehr Spaß aber machen all die Aktivitäten in und um den See. Mit dem Tretboot – ohne Seenot – kann man es ganz gemütlich angehen, das Ruderboot gleitet schon etwas flotter übers Wasser. Nicht zu viele Fragen sollte man den Anglern stellen, die sehr wahrscheinlich – das Westufer mit seinen steil abfallenden Uferpartien bevölkernd – auf Hecht, Forelle oder Karpfen aus sind.

Man könnte natürlich auch einen der vielen Wanderwege ausprobieren oder mit dem Fahrrad seine Runden drehen. Unbedingt ans Einkehren denken. Oder man grillt mit Freunden an einer der Grillstellen. Der Ebnisee ist aber nicht nur im Sommer ein wunderbarer Ort. Die Stimmung im Herbst, wenn die Bäume bereits ihre Farben verändern und Stille einkehrt, ist einmalig und wunderschön. Sogar im Winter ist der Ebnisee beliebt. Dann nämlich, wenn die Eisläufer auf dem zugefrorenen Stausee ihre Pirouetten drehen …

- Ebnisee, Winnender Straße, 73667 Kaisersbach
- ÖPNV: Bus 251, 263, Haltestelle Ebnisee

Die Macht der ewigen Liebe

23 Grabkapelle auf dem Württemberg

Ein Mausoleum allein macht noch keinen Glücksort. Wenn sich aber eine romantisch-tragische Geschichte und ein famoser Blick dazu gesellen, steigen die Chancen enorm. „Die Liebe höret nimmer auf“, steht in großen Lettern über der schweren grünen Eingangstür im Westen der Grabkapelle und lässt Hochzeitspaare wie Liebespärchen gleichermaßen vor Rührung seufzen. Wilhelm I. von Württemberg ließ die Kapelle für seine früh verstorbene Gemahlin Katharina erbauen. Still, fast andächtig thront sie inmitten von Weinbergen im Stuttgarter Stadtteil Rotenberg. Bereits von der Ferne, genau an der Stelle, an der einst die Burg Wirtemberg stand, kann man das Meisterwerk von Giovanni Battista Salucci sehen. Der Florentiner Architekt entwarf ebenso das Schloss Rosenstein, das Wilhelmspalais sowie das Löwentor des Rosensteinparks.

Es lohnt der Blick von Nahem. Vier Himmelsrichtungen, vier Haupteingänge, vier Inschriften. Da Königin Katharina Angehörige der russisch-orthodoxen Kirche war, ließ Wilhelm das Innere der Grabkapelle nach deren Anforderungen gestalten. Steht man im hellen Kapellenraum, geht der Blick unweigerlich nach oben. Die Kuppel ist wunderschön mit ihren Steckrosen, das Glasdach in der Mitte lässt die Sonnenstrahlen in den Innenraum und die darunter liegende Gruft gleiten. Wer schon einmal im Pantheon gestanden hat, könnte meinen, er wäre in Rom.

Tritt man aus der Kapelle heraus, weiß man wieder genau, wo man ist und warum. Der Blick auf Neckartal, Weinberge und Kessel ist unglaublich, bei Sonnenuntergang wird es atemberaubend schön. Unweigerlich fassen sich die Liebespaare bei der Hand. Gefesselt von diesem königlichen Ausblick will man einfach nur verharren und genießen. Wer mag, kann sich in einer der zahlreichen Führungen detailliertes Wissen aneignen. Doch eines ist jetzt schon gewiss: Der Württemberg mit seiner fast 200 Jahre alten Grabkapelle wird wohl auch in Zukunft einer der romantischsten Orte im Ländle bleiben.

- Grabkapelle auf dem Württemberg, Württembergstraße 340, 70327 Stuttgart
www.grabkapelle-rotenberg.de
- ÖPNV: Bus 61, Haltestelle Rotenberg (Fußweg ca. 5 Minuten)

Stuttgart aus luftiger Höhe

24 Der Fernsehturm in Degerloch

Irgendwie liegt es in der Natur des Menschen, hoch hinaus zu wollen. Das hat sich auch der Schwabe zunutze gemacht und bereits 1956 das Ur-Modell des Fernsehturms aus dem Wald von Degerloch wachsen lassen. Bereits von Weitem begrüßt der filigrane Turm am Horizont auftauchend Einheimische und Gäste. Von unten betrachtet sieht der 3000 Tonnen wiegende Koloss aus wie eine Betonnadel mit Körbchen an deren Ende. 217 Meter hoch, ist er nichts für schwache Nerven. Wenn man sich traut, hat man in 36 Sekunden das Panoramacafé erreicht. Darüber befinden sich die zwei Aussichtsplattformen. Spätestens da hat man seine Höhenangst wahrscheinlich vergessen, denn der Ausblick ist gigantisch. 360 Grad Stuttgart. Bei gutem Wetter sieht man nicht nur den Kessel, sondern auch Neckartal, Schwäbische Alb, Schwarzwald und Odenwald. Das muss den Schwaben erstmal jemand nachmachen. Es lohnt sich auf jeden Fall, hier oben zu verweilen, ein paar Runden auf dem Plateau zu drehen und sich den Wind ins Gesicht wehen zu lassen. Wie schön Stuttgart wirklich ist, zeigt sich, wenn die Sonne untergeht. Dann ist der Platz auf der Aussichtsplattform Gold wert. Von hier sieht man auch mal, wie viel Grün Stuttgart zu bieten hat.

Vom vielen Schauen wird so mancher Gast hungrig. Kaffee und Kuchen oder edel dinieren in schwindelnder Höhe – auch das ist möglich im Panoramacafé, das den Namen des berühmten Brückenbauers und Statikers Professor Fritz Leonhardt trägt, der den großartigen Turm einst konstruiert und entworfen hat. Jeden Sonntag kann man zusätzlich beim Family-Brunch in 144 Metern Höhe den Tag mit etwas Leckerem starten und dabei, vielleicht noch etwas verträumt, die fantastische Aussicht genießen.

Wer fern sieht, hat vielleicht nicht unbedingt mehr vom Leben, in diesem Falle aber ein wunderbares Gefühl. Was für ein Glück, nur schauen zu dürfen und nicht der Fensterputzer zu sein. Zu den Dingen, die man einmal in seinem Leben getan haben sollte, gehört der Besuch des bekanntesten Wahrzeichens der Stadt auf jeden Fall.

- Fernsehturm, Jahnstraße 120, 70597 Stuttgart-Degerloch, Tel. (07 11) 92 91 47 43 www.fernsehturm-stuttgart.de
- ÖPNV: Bus 70, U-Bahn U7, U8, U15, Haltestelle Ruhbank

Nichts ist, wie es scheint

25 Strotmanns Magic Lounge im Römerkastell

Bad Cannstatt ist der größte und geschichtlich älteste Stadtbezirk Stuttgarts. Das Römerkastell gehört eindeutig zu dieser Historie dazu. Einst wachten in diesem Gebiet Reiter des stolzen Römischen Reiches, baute König Wilhelm II. Jahrhunderte später eine Reiterkaserne. Heute ist das Kastell ein Kreativ-Areal und Besuchermagnet für zahlreiche Veranstaltungen. Aber auch für Fernsehserien ist das Kastell bekannt. Denn Stuttgart hat nicht nur einen eigenen Tatort, sondern auch die SOKO-Stuttgart-Crew. Die klärt jeden Mord hinter der Mattscheibe im Kessel auf. Revier, Rechtsmedizin, Krankenhaus und Schrottis Autowerkstatt – all das befindet sich in den Studios im Römerkastell im Hallschlag. Manchmal darf man da sogar hinter die Kulissen schauen. Oder als Komparse sein Glück versuchen. Spannend.

Nicht hinter die Kulissen, aber in die spannende Welt der Magie darf man in Strotmanns Magic Lounge blicken. Im eigenen Theater (das allein ist schon ungewöhnlich) gleich um die Ecke steht Thorsten Strotmann Abend für Abend im Rampenlicht. Deutschlands erfolgreichster Close-up-Magier zum Anfassen nah, denn die Lounge besitzt gerade mal sieben Reihen. Man hat das berauschende Gefühl, hier ganz exklusiv verzaubert zu werden. Trotz großem Erfolg und Las Vegas Flair geht's sehr familiär zu. Vom Betreten der Lounge mit dem riesen Kronleuchter bis zur großen Show fühlt man sich bestens aufgehoben. Direkt vor den Augen des Publikums lässt Thorsten Strotmann unglaubliche Dinge passieren. Er täuscht auf so verblüffende Art und Weise, dass dem Zuschauer der Mund offen stehen bleibt. Man schaut ganz genau hin – um dann am Ende erstaunt festzustellen, dass der Magier mal wieder das Unmögliche vollbracht hat. Es gibt Menschen, die waren mehr als 40-mal zu Gast bei Thorsten Strotmann. Wer einmal da war, weiß auch warum. Denn am Ende ist man nicht nur restlos begeistert, sondern auch auf eine wunderbar magische Art glücklich.

● STROTMANNS Magic Lounge, Naststraße 41, 70376 Stuttgart,
Tel. (07 11) 57 71 52 90, www.strotmanns.com
● ÖPNV: Bus 56, N4, Haltestelle Nastplatz

Es war einmal ...

26 Am Schloßplatz

Eigentlich sollte man ja nicht immer alles glauben, was die Leute sagen. In diesem Fall jedoch schon, denn der Schloßplatz ist tatsächlich einer der schönsten Plätze Europas. Touristen wie Einheimische sitzen gerne zum Lunch oder einfach so ab den ersten Sonnenstrahlen im Frühling bis zu den letzten warmen Spätsommertagen auf diesem historischen Gesamtkunstwerk mitten in der Großstadt. Nimmt man sich die Zeit, kann man rund um den ehemaligen Exerzierplatz sehr viel Schönes entdecken.

Zum Beispiel die alles überragende Jubiläumssäule, ein Geschenk für König Wilhelm I. zum 60. Geburtstag. Von 35 Metern Höhe schaut Concordia hinunter und hat seit 1863 schon so manches miterlebt. Links und rechts der römischen Göttin der Eintracht tummeln sich an heißen Tagen vor allem die Kleinen in den wunderschönen alten Springbrunnen, die auch schon über 150 Jahre auf dem Buckel haben. Macht man es sich auf dem Rasen gemütlich, lohnt ein Blick durch die barocke Gartenanlage, denn hier geben sich altehrwürdige Gebäude aus sämtlichen Epochen die Hand. Das neue Schloss natürlich allen voran. Ein zweites Versailles wollte Herzog Carl Eugen mit dieser barocken Anlage erschaffen. Der Blick schweift über die mittelalterliche Alte Kanzlei und das Alte Schloss im Renaissancestil, streift das moderne Kunstmuseum und bleibt am Königsbau hängen. Das im spätklassizistischen Stil erbaute Gebäude mit der von 34 Säulen geprägten Kolonnade hat einfach Charme. Davor der gusseiserne achteckige Musikpavillon, der damals für sonntägliche Konzerte diente. Die gibt's zwar heute nicht mehr, aber manchmal, wenn eine Kapelle an einem Sommersonntag aufspielt, ist es wie in alten Zeiten – viele lauschen glücklich der Musik, ganz Mutige tanzen sogar.

Marquardt- und Königin-Olga-Bau machen das Bild rund. Man fühlt sich tatsächlich um 150 Jahre zurückversetzt. Heute ist der Schloßplatz aber auch ein Ort für zahlreiche Veranstaltungen. 120.000 Besucher haben hier im letzten Jahr das SWR-Sommerfestival friedlich gefeiert. Da schaute nicht nur Concordia zufrieden!

- Schloßplatz, 70173 Stuttgart
- ÖPNV: U-Bahn U5, U6, U7, U12, U15, Haltestelle Schlossplatz, U-Bahn U9, U14, Haltestelle Börsenplatz (L-Bank)

Das Gartenhaus der Tüftler

27 Die Gottlieb-Daimler-Gedächtnisstätte

Das große Mercedes-Benz Museum ist weit über die Grenzen der Landeshauptstadt bekannt. Es gibt allerdings noch einen kleinen, feinen Ort, an dem die Geschichte des Automobils maßgeblich mitgeschrieben wurde: die Gottlieb-Daimler-Gedächtnisstätte. Im oberen Teil des Cannstatter Kurparks befindet sich das wunderschöne Gartenhäuschen, in welchem Daimler und Maybach unter strengster Geheimhaltung 1883 ihre Idee in die Tat umsetzten, einen Antrieb für alle Fahrzeuge – zu Land, auf dem Wasser und in der Luft – zu entwickeln. Außerdem gab es hier die erste Garage sowie die erste Tankstelle der Welt. Die sind natürlich längst Geschichte. Aber das Gewächshaus ist erhalten geblieben. Beim Betreten des kleinen Museums könnte man meinen, die beiden Tüftler hätten gerade erst die Werkstatt verlassen. Zeichnungen, Fotos und Modelle, das erste Motorboot von 1886 und das Wolfert'sche Luftschiff von 1888 sind liebevoll arrangiert. Werkbank, Beleuchtung und Werkzeuge vermitteln Werkstattatmosphäre wie vor 125 Jahren. Der Eintritt ist übrigens kostenlos, das nette Personal hat so manch lustige Anekdote parat. Wie die über eine nächtliche Polizeikontrolle im Gartenhaus, weil ein misstrauischer Gärtner vermutet hatte, einer Falschmünzerei auf die Schliche gekommen zu sein.

Im Anschluss lohnt ein Spaziergang durch den romantischen Park mit seinen geschwungenen Wegen und heimeligen Plätzen. Hinter dem Springbrunnen entdeckt man die Wandelhalle und den Daimlerturm. Gerüchten nach soll der früher so etwas wie der Partykeller von Gottlieb Daimler gewesen sein. Ziemlich steil geht's hinauf, vorbei an Zeichnungen und Wandmalereien auf die Plattform in 15 Metern Höhe. Wer schwindelfrei ist, der hat von hier einen beeindruckenden Ausblick vom Kappelberg bis zum Fernsehturm. Auch hat man einen schönen Blick über den Uff-Kirchhof mit seiner spätgotischen Kirche, einen der ältesten Friedhöfe Stuttgarts. Hier haben neben anderen Berühmtheiten auch Maybach und Daimler ihre letzte Ruhestätte gefunden.

- Gottlieb-Daimler-Gedächtnisstätte, Taubenheimstraße 13, 70372 Stuttgart, Tel. (07 11) 1 73 00 00
- ÖPNV: S-Bahn S1, S2, S3, Haltestelle Bad Cannstatt, U-Bahn U1, Haltestelle Uff-Kirchhof

Gottlieb Daimler

Sternenklare Sicht

28 Die Sternwarte auf der Uhlandshöhe

Stuttgart besitzt nicht nur eine wunderschöne Sternwarte, sie ist auch eine der ältesten in Deutschland mit Publikumsverkehr. Seit 1922 thront sie auf einer Anhöhe im Osten und die Menschen können hier einen Blick durch unterschiedliche Teleskope in den Himmel und somit auch ins unergründliche Universum wagen, bei wolkenlosem Himmel im Optimalfall. Eine kleine Wendeltreppe führt in die Kuppel. Dann kommt das Erstaunliche. Ein historisches Zeiss-Teleskop aus Jena. Bei diesem Anblick bekommen echte Thüringer Herzrasen. Natürlich auch interessant für den Rest der Welt. Denn dieses Teleskop gab es schon, bevor die Sternwarte geboren war. Wunderschön steht es da, bei offener Kuppel in den Sternenhimmel gerichtet. Das Erste, was man sieht, ist der Saturn mit seinem Ringsystem. Ganz klar zu erkennen. Der Wahnsinn. Es folgen Mars, der blaue Neptun, Uranus, der blassgrüne, und die wunderschöne Andromedagalaxie. Die ist läppische 2,5 Millionen Lichtjahre von uns entfernt. All das erfährt man von den Mitarbeitern des Vereins Schwäbische Sternwarte, die wunderbar kurzweilig durch den Abend führen. Jede Führung ist etwas anders, es gibt kein starres Programm. Das ist echt toll und keine noch so verrückte Frage bleibt unbeantwortet.

Auf der Sternwarte darf jeder Besucher selbst durch das Teleskop schauen. Auch wenn man keine Hubble-Hochglanz-Bilder sieht, so bekommt man durch dieses Selbst-Erleben einen intensiven Einblick, den man in Erinnerung behält. Man sieht die Strukturen auf anderen Planeten oder genießt das Licht eines Sternhaufens, das viele tausend Jahre unterwegs war, ehe es bei uns eingetroffen ist. Unvorstellbar. Und man ertappt sich dabei, wie man wenig später „Unwissenden" auf dem heimischen Balkon das Universum erklärt.

Über einen Besuch auf der Sternwarte könnte man ewig schreiben. Aber es gibt einfach nichts Schöneres, als an einem sternenklaren Abend selbst vor Ort zu sein und ein paar der 70 Trilliarden Sterne zu beobachten.

- Sternwarte Stuttgart, Zur Uhlandshöhe 41, 70188 Stuttgart
www.sternwarte.de
- ÖPNV: U-Bahn U15, Bus 42, Haltestelle Heidehofstraße

Der Genuss vor dem Genuss

29 Die Targa Florio Genussakademie

Dampfende Kessel, köstliche Aromen in der Luft, wirbelnde Köche – und man selbst mittendrin im faszinierenden Küchengeschehen. Das sind die unbezahlbaren Momente, wenn man in der Targa Florio Genussakademie dem Team um Chefkoch Vincenzo Paradiso nicht nur über die Schulter schaut, sondern selbst Hand anlegt. Das entspannte Werkeln in der Küche mit netten Gesprächen, einem Glas Wein, fast wie zu Hause mit Freunden – einfach wunderbar.

Im ehemaligen Landesflughafen von Württemberg befindet sich die Motorworld Region Stuttgart. Ein absolutes Mekka für Auto- und Motorradliebhaber. Da passt es doch ganz hervorragend, dass man von der Galerieebene, auf der sich das Targa Florio befindet, einen grandiosen Blick auf die automobilen Träume vergangener Tage hat. Allein das löst bei vielen Gästen schon Glücksmomente aus.

Das helle Ambiente der Genussakademie mit ihren großen Tischen, den Kronleuchtern und der absolut fantastischen Küche ist einmalig. Hier wird jedem Gast genug Raum gegeben, auch mal etwas auszuprobieren. Wer nur schauen will, darf das genauso wie der, der richtig mit anpacken möchte. Ein Ei aufschlagen oder den Braten rocken, ganz egal. Spaß und Zusammensein stehen im Vordergrund. Am Ende tummeln sich dann doch alle um den Herd und die Party findet wie so oft in der Küche statt.

Nach vier Stunden hat man den Alltag einfach vergessen. Das ganze Team ist entspannt und man merkt, dass hier nicht nur absolut professionell, sondern auch mit Freude und Lust gekocht wird. Und dass dies kein Kochkurs von der Stange ist, sondern ein Küchenerlebnis der ganz besonderen Art. Modernes, Klassisches und Innovatives werden hier perfekt gemischt. Das Essen ist bodenständig, ehrlich, nur feinste Zutaten – und doch ist nichts übertrieben. Wer Vincenzo Paradiso kennt, der weiß, dass es auch manchmal etwas feuriger in seiner Küche zugehen kann. Schließlich ist er ein waschechter Sizilianer und dazu ein begnadeter Entertainer. Am Ende stellt sich eigentlich nur die eine Frage: Wann gibt's die nächste Küchenparty?

- Targa Florio Genussakademie in der Motorworld Region Stuttgart, Graf-Zeppelin-Platz 1 (Werkstatthalle, Eingang 2, Galerieebene), 71034 Böblingen, Tel. (0 70 31) 3 06 99 11, www.targa-florio.de
- ÖPNV: S-Bahn S1, S11, S60, Haltestelle Bahnhof, Böblingen

TARGA FLORIO

So schön schräg

30 Mit der Seilbahn zum Waldfriedhof

Der Volksmund sagt, man soll die Vergangenheit ruhen lassen. Passt sicher auch für vieles, hier aber ist es schön, wenn sie mal wieder zum Vorschein kommt. Denn eine Fahrt mit der nostalgischen Seilbahn in Heslach ist wie eine Reise in die Vergangenheit und eine kleine feine Rarität in der Großstadt. 1929 eröffnet, war sie die erste Standseilbahn Deutschlands, die sich per Knopfdruck durch den Wagenbegleiter in Bewegung gesetzt hat. Damals wie heute überwinden die inzwischen 90 Jahre alten historischen Wägen einen Höhenunterschied von 85 Metern zwischen Heslach und dem Degerlocher Waldfriedhof. Der Endpunkt hat der im Volksmund gerne als Erbschleicher- oder Witwen-Express bezeichneten Bahn den sicherlich nett gemeinten Spitznamen eingebrockt.

Auch wenn man kein Erbschleicher ist, lohnt es, eine Fahrt in die Stuttgarter Höhen zu unternehmen. Bereits das kleine Wartehäuschen ist mit dem restlichen Heslacher Style nicht zu vergleichen. Alle 20 Minuten startet von hier der altertümliche Waggon steil hinauf ins Grüne, nachdem der Fahrer von Hand alle Türen zugeschoben hat. Auf halber Strecke begegnet man seinem Zwillingsbruder, der ebenso lautlos talabwärts gleitet. Trotz ihres Alters laufen die Bahnen wie am Schnürchen. Ein kurzer Gruß der Wagenbegleiter und weiter geht's bedächtig durch den Wald. Bei der gerade mal vierminütigen Fahrt staunt man über das wunderschöne Innenleben der gepflegten Holzwagen mit seinen Teakholzbänken, Messinggriffen und original Hinweisschildern.

Endstation ist der über 100 Jahre alte Waldfriedhof. Er ist nicht nur letzte Ruhestätte von Stuttgarter Bürgern, bekannten Persönlichkeiten und Gefallenen aus beiden Weltkriegen, sondern auch ein beschaulicher Park mit altem Baumbestand. Ein verwunschenes Kleinod mit einer beruhigenden Balance aus Natur und Ordnung. Und ein Ort, der zahllose Geschichten erzählen kann. Für eine Weile kann man hier wunderbar dem Alltag entfliehen, bevor es mit einem lebendigen Stück Stadtgeschichte wieder hinab ins Hier und Jetzt geht.

- Seilbahn Stuttgart, Südheimer Platz, 70199 Stuttgart
- ÖPNV: U-Bahn U1, U9, U34, Haltestelle Südheimer Platz

Kleinstadtflair

31 Die Siedlung Ostheim

Ein echtes architektonisches Schmuckstück findet man im Stuttgarter Osten. Steigt man am Ostendplatz aus der Bahn und läuft quer durch die Landhausstraße, kommt man zum Eduard-Pfeiffer-Platz. Und steht schon mittendrin in der Siedlung Ostheim. Der Bankier und Geschäftsmann Eduard Pfeiffer war Initiator und Kopf des 1866 gegründeten Vereins für das Wohl der arbeitenden Klassen, dessen erstes großes Wohnungsbauprojekt eben diese Arbeitersiedlung Kolonie Ostheim war, eine Siedlung mit 383 Häusern für nicht so gut situierte Stuttgarter. Am Eduard-Pfeiffer-Platz sollte man eine kleine Pause einlegen. Einerseits wegen der schönen Sicht auf die Siedlung, vielleicht auch, um herauszufinden, warum der an ein Podest gelehnte, unbekleidete junge Mann über dem Jünglingsbrunnen so nachdenklich dreinschaut. Aber es gibt noch einen Grund: der kleine Eisladen „zur Schleckerei“ – der Name ist Programm. Hier gibt es nicht viel zu gucken, dafür aber fantastisches, handgemachtes Gelato. Rund um den Platz sitzen die Menschen, genießen und kommen miteinander ins Gespräch. Wunderbare Kleinstadtatmosphäre. Nach der Stärkung kann man sich auch wieder der Geschichte des Ortes widmen.

Am besten biegt man – vorbei am Denkmal der Kolonie Ostheim – in die Neuffenstraße. Hier ist das Flair der Siedlung spürbar. Unglaublich eindrucksvoll wirkt die bürgerliche Architektur mit den roten und sandfarbenen Backsteinhäusern und ihren gemütlichen Hinterhöfen. Um Kosten zu sparen, wurde damals standardisiert gebaut. Es gibt nur vier Fassadentypen, Fenster und Ziegel sind sogar alle identisch. Dennoch ist die Siedlung vielfältig. So gibt es an manchen Häusern Zierfachwerk und Erker, andere schmücken gotische Giebel, wieder andere besitzen Fensterläden und Terrassen. Die grünen Vorgärten sind wunderschön mit Rosen und alten Bäumen, an manchen Fassaden kriecht Efeu in die Höhe. Das Ganze hat solch einen Charme, dass man fast nicht glauben kann, in einer Großstadt zu sein.

- Ostheim-Siedlung/Kolonie Ostheim, 70188 Stuttgart
- ÖPNV: U-Bahn U4, Bus 42, Haltestelle Ostendplatz

Sammelsurium des Wissens

32

Stadtbibliothek am Mailänder Platz

Manchmal muss man den Dingen zwei Blicke gönnen, um ihr Potenzial zu erkennen. So ist das auch bei der Stadtbibliothek. Steht man das erste Mal vor diesem Würfel am Mailänder Platz, ahnt man nicht, was für ein Sammelsurium des Wissens und fantastischer Ort sich im Inneren verbirgt. Still, fast andächtig ist der vier Stockwerke hohe Eingangsbereich. Ein Raum der inneren Einkehr. Was darüber und drum herum folgt? Über eine halbe Million Medien auf einer Fläche von drei Fußballfeldern. Jede der acht Etagen hat ihr eigenes Thema: Kinderblick, Klangstudio, Studiolo zur Wissensvertiefung oder die Graphothek, in der man Kunstwerke ausleihen kann. Und jeden Monat gibt's was Neues: Lesungen, Konzerte, Ausstellungen und Installationen oder Workshops.

Das Highlight ist der offene, trichterförmige Galeriesaal, der sich von der fünften bis zur achten Etage öffnet und in einem Glasdach mündet. Absolutes Lieblingsmotiv von Besuchern aus der ganzen Welt. Kein Wunder, dass sich sogar Hochzeitspaare in diesem wunderschönen Szenario das Jawort geben. Überwältigend sind Weite und Klarheit. Nicht jeder im Galeriesaal hegt also die Absicht, Literatur zu verschlingen. Wer das aber in Ruhe tun möchte, der kann sich ins Café LesBar verziehen. Hoch hinaus geht es natürlich auch. Die Dachterrasse ist zwar nicht besonders schön, die fantastische Aussicht auf den Kessel aber schon.

Schlaflos in Stuttgart? Auch dafür bietet der Bücher-Würfel eine Lösung. Im Windfang des Osteingangs gibt es einen sehr intelligenten Medienschrank, der ein kleines Angebot des Nachts zur Verfügung stellt. Dann kann man auch die blau erleuchteten 81 Fensteröffnungen in der Fassade betrachten.

Die Stadtbibliothek hat es geschafft, ein analoger Treffpunkt für jedermann mitten in der Stadt zu werden. Ein Ort, der Bildung, Begegnung und Stille gleichermaßen zulässt. So mancher ist an diesem magischen Ort versunken und hat hier sein ausgesuchtes Buch von Anfang bis Ende gelesen.

- Stadtbibliothek Stuttgart, Mailänder Platz 1, 70173 Stuttgart
  www1.stuttgart.de/stadtbibliothek/
- ÖPNV: Bus 44, U-Bahn U5, U6, U7, U15, Haltestelle Stadtbibliothek

Eine Reise um die Welt

33 Das Reiskorn in Stuttgart Mitte

Was kommt einem bei „Küche auf Reisen“ in den Sinn? Ferne Länder, exotische Gewürze, erlesene Zutaten, neue Geschmackserlebnisse. Genau richtig. Aber dazu muss man nicht in den Flieger steigen, sondern sich einfach in Stuttgarts Mitte begeben, in ein Lokal, was genau das vereint. Das Reiskorn ist modern, international und urban. Ein lukullischer Ort, der den Gast auf eine Reise durch die Kontinente schickt. Allerdings sollte der Hunger nicht so spontan daherkommen. Im Reiskorn tut man gut daran, im Vorfeld ein Plätzchen zu ordern. Denn im kleinen Gastraum wird es schnell voll. Bekommt man aber einen der Tische, kann man sich freuen auf wirklich spannende kulinarische Genüsse.

Die Einrichtung im balinesischen Stil versprüht einen Hauch Exotik und lässt das laute Stuttgart einfach vor der Tür stehen. Das Ambiente ist lässig. Man sitzt entweder an kleinen Tischen, die zugegebenermaßen, um daran zu essen, etwas gewöhnungsbedürftig sind. Dann lieber nach dem Motto: Gegessen wird zusammen an Big Family Tables. Wenn man in Kommunikationslaune ist, einer der besten Orte, um mit anderen Gästen ins Gespräch zu kommen. Der kuschelige Sommergarten im Hinterhof ist wunderbar für laue Sommerabende. Was die Karte angeht, ist Abwechslung zu jeder Jahreszeit garantiert. Veganer, Vegetarier und Fleischfans kommen alle auf ihre Kosten. Saisonale Gerichte wechseln sich mit internationalen Leckereien ab. Egal, was man bestellt, Geschmackserlebnisse sind garantiert. Falafelbällchen am Spieß – Hammer! Die Soße dazu, ein Traum. Dessert – unbedingt eins nehmen. Nicht, weil die einfach super schmecken, nein, weil Gast damit auch noch was Gutes tut. „Süße Sünden für kleine Engel“ heißt ein soziales Projekt und hilft Kindern mit Migrationshintergrund in Stuttgarter Kindertagesstätten.

Das Reiskorn ist eine kulinarische Wohlfühloase mitten im Kessel: Lecker, lässig, nett. Das einzige Manko, man muss reservieren. Sonst trabt man unverrichteter Dinge und voller Neid auf die, die drinnen schlemmen, wieder ab.

● Reiskorn, Torstraße 27, 70173 Stuttgart, Tel. (07 11) 6 64 76 33
www.das-reiskorn.de
● ÖPNV: U-Bahn U2, U4, U14, S-Bahn S1, S2, S3, S4, S5, S6, Haltestelle Rotebühlplatz Stadtmitte, Bus 43 Haltestelle Wilhelmsbau

Auf Zeitreise im Park

34

Der Rosensteinpark in Bad Cannstatt

Stuttgart bietet einige Superlativen. Der Rosensteinpark als bedeutender Landschaftspark Südwestdeutschlands ist einer davon. Nur einen Katzensprung von der Innenstadt entfernt, kann man in einer der letzten klassischen Gartenanlagen nach englischem Vorbild wunderbar der Tretmühle Alltag entfliehen. Weitläufige Wiesen, verwunschene Wege und der herrlich alte Baumbestand sind absolut lohnenswert auch für einen Ausflug mit der Familie.

Auf Anordnung von König Wilhelm I. wurde dieses Idyll vor über 180 Jahren angelegt. Aber der Park ist nicht nur für ausgedehnte Spaziergänge in lauschiger Natur bestens geeignet. Hier wird die Geschichte der Evolution gezeigt. Das Schloss Rosenstein an sich ist schon ein sehenswertes Stück Geschichte. Hofbaumeister Giovanni Salucci, Architekt der Grabkapelle auf dem Württemberg, ist auch für diesen klassizistischen Bau von 1830 verantwortlich. Heute ist das Schloss Teil des Staatlichen Museums für Naturkunde und man kann in seinem Inneren aufwendig gestaltete Lebensräume von Tieren und Pflanzen aus allen Teilen der Erde bewundern. Weltweit absolut einmalig ist der 13 Meter lange Seiwal, den man von außen und innen bestaunen kann.

Ein weiteres Highlight für Kinder ist das modernere Museum am Löwentor, der zweite Teil des Naturkundemuseums. Bereits vor seinen Toren stehen die Giganten der Urzeit und warten darauf, von den aus ihrer Sicht winzigen Besuchern erforscht zu werden. 250 Millionen Jahre zurück geht es mit den ältesten Dinosaurierfunden Europas, fantastischen Meeressauriern von der Schwäbischen Alb und der ältesten Schildkröte der Welt. Dazu lassen die detailgetreuen Landschaften mit riesigen Säugetieren aus der Eiszeit die Fantasie regelrecht explodieren. Erstaunt über das, was vor Millionen von Jahren auf der Erde los war, steht man am Ende wieder im Park. Zeit zum Toben auf dem großen Spielplatz oder die Seele baumeln lassen auf dem Weg zurück in das Großstadtgetümmel.

- Schloss Rosenstein und Rosensteinpark, Rosenstein, 70191 Stuttgart
- ÖPNV: U-Bahn U1, U2, Haltestellen Mineralfreibäder und Mercedesstraße, U-Bahn U14, Haltestellen Wilhelma und Mineralfreibäder

Überraschend groß

35 Kunstmuseum am Kleinen Schlossplatz

Der Besuch des Kunstmuseums im Herzen Stuttgarts ist in dreierlei Hinsicht eine blendende Idee. Wenn die Sonne im Nordwesten langsam untergeht und man sich die Mühe macht, die Treppen zum Obergeschoss hinaufzusteigen, wartet ein fantastischer Ausblick auf Stuttgarts Mitte und den imposanten Architektur-Mix rund um den Schlossplatz. Wird es dann langsam dunkel, schickt es sich, das Ganze von außen zu betrachten. Dann nämlich erstrahlt die gläserne Hülle und gibt den Blick auf den steinernen Kubus im Inneren frei. Eine Illumination, die wunderbar in das nächtliche Stadtbild passt. Nicht zu toppen ist der Besuch des Kunstmuseums mit seinen Schätzen. Der erste Überraschungseffekt ist die Größe, die sich erst im Inneren offenbart. Lediglich ein Fünftel der insgesamt 5000 Quadratmeter Ausstellungsfläche ist nach außen hin sichtbar. Der Großteil ist unterirdisch in ein ehemaliges Verkehrstunnelsystem eingepasst.

In luftigen Räumen erlebt man die Verbindung von Geschichte und Gegenwart, der Rundgang durch die Sammlung wird zu einer außergewöhnlichen Entdeckungsreise. Die Vielfalt der gezeigten Werke reicht vom Schwäbischen Impressionismus im 19. Jahrhundert über die klassische Moderne und die Kunst nach 1945 bis zur zeitgenössischen Kunst. Im Zentrum steht die weltweit bedeutendste Sammlung des Malers Otto Dix. Schon die Geschichte, wie sein berühmtes „Großstadt"-Triptychon, eines der größten Werke des 20. Jahrhunderts, 1972 in Stuttgart heimisch wurde, verdient großen Respekt vor Land und Leuten und zeigt die Liebe zur Kunst.

Auch wenn die Auseinandersetzung mit zeitgenössischer Kunst seit jeher keine leichte Kost ist, punktet das Kunstmuseum mit seinem großen Potenzial in der Kunstvermittlung. Verständlich für Jung und Alt gleichermaßen. Thomas Wagner, ehemaliger Feuilletonchef der „FAZ", sollte recht behalten, als er 2005 zur Eröffnung des Kunstmuseums sagte: „Vergesst nicht beim Stuttgart-Besehen zum Kunstmuseum zu gehen. Denn der Verdacht ist groß: Hier ist endlich wieder was los."

- Kunstmuseum Stuttgart, Kleiner Schlossplatz 13, 70173 Stuttgart
www.kunstmuseum-stuttgart.de
- ÖPNV: U-Bahn U5, U6, U7, U15, Bus 42, 44, Haltestelle Schlossplatz

EKSTASE
29.9.18
–
24.2.19
EKSTASE

Haus der guten Dinge

36 Mack in Fellbach

Ein Haus voller Überraschungen und ein Kleinod in Sachen Einrichtung ist Mack in Fellbach. Das magische Fachwerkhaus mit seiner 120 Jahre alten Jugendstilorangerie lässt einen schon beim Eintreten in eine ganz andere Welt eintauchen. Von der Bahnhofstraße aus nicht unbedingt zu vermuten, entpuppt sich das Innere als unermessliche Fundgrube mit verwunschenen Zimmern auf vielen Ebenen, kleinen Veranden und lauschigen Sitzplätzen. Überall findet man kleine Schätze. Schöne Möbel, feine Accessoires, englische Gärten mit Putten und mystischen Steinfiguren, britische Countryside-Mode, heimelige Wohnecken. Alles liebevoll und mit sehr viel Leidenschaft zum Detail dekoriert. Inspiration pur. Für alle, die ihr Herz ans Wohnen der vergangenen Jahrhunderte verloren haben, ist dieser Ort ein bisschen wie nach Hause kommen. Ohne staubigen Beigeschmack versteht sich. Einfach nur schön.

Die Großenkel führen das 1903 von Ernst Mack in Fellbach gegründete Familienunternehmen bereits in vierter Generation. Ein Geschäft mit Tradition, man merkt, dass die Menschen hier mit Herzblut für die Sache arbeiten. Lebensgefühl, Leidenschaft, Stil, Freude und Vergnügen am Objekt spiegeln sich in der Stimmung wider, die einen hier empfängt. Man läuft durch die Räume, staunt über die Schönheit und lässt sich einfach inspirieren.

Glücksmomente, weil man hier einfach so und in Ruhe durch die Räumlichkeiten schlendern, verweilen, träumen und sich vom Ideenreichtum des Hauses anstecken lassen kann. Das Team passt zum Ambiente. Herzlich, bodenständig, unaufdringlich aufmerksam. Ein Haus, in das man einfach gerne wiederkommt.

- Ernst Mack Fellbach GmbH & Co. KG, Bahnhofstraße 168, 70736 Fellbach
  www.mack-fellbach.de
- ÖPNV: S-Bahn S2, S3, Bus 60, 70, Haltestelle Bahnhof Fellbach

I'm shoutin' from the rooftop

37 Sky Beach Stuttgart

Normalerweise sind Parkgaragen nicht besonders chillig. Es sei denn, sie haben weißen Pulversand, Palmen und Liegestühle auf ihrem Dach. Dann wird es interessant. Das oberste Parkdeck der Galeria Kaufhof kann von sich behaupten, eines der coolsten Parkhausdächer Stuttgarts zu sein.

Denn hier befindet sich der Sky Beach, ein wahr gewordener Traum vom Sommer am Strand. Ein Holzsteg führt mitten durch den Club, im Sand stehen Palmen, auf Liegestühlen sitzen entspannte Menschen und stecken ihre Füße wohlig in den Sand. Beach Clubbing mit Ibizafeeling. Und das mitten in der City. Besser gesagt über der City. Denn hier in luftiger Höhe ist – bis aufs Meer – alles da, was man für einen Tag am Beach braucht: 100 Tonnen Sand, Liegestühle und Himmelbetten, kalte Getränke und Chill-Out-Musik. Erholung ist garantiert. Ab 12 Uhr kann man im Sommer und bei gutem Wetter den Rooftop erklimmen und den fantastischen Blick über ganz Stuttgart genießen. Neben entspanntem Summerfeeling und abends-verträumt-in-den-Sternenhimmel-Gucken gibt es im Sky Beach auch Programm. Jeden Mittwoch ab 18 Uhr lässt die After-Work-Party mit Musik, Buffet und Welcome Drink den Alltag in Sekundenschnelle verblassen. Versinkt die Sonne dann im Häusermeer, breitet sich ein ganz besonderes Flair hier oben aus.

Der Sky Beach sorgt für Urlaubsfeeling im Kessel. Mit grandiosem Blick über die Stadt kann man auf dem Strand in luftiger Höh' von April bis Mitte September das Leben genießen und die Seele baumeln lassen. Brille auf der Nase, die nackten Füße im Sand, einen kühlen Drink in der Hand, karibische Rhythmen aus der Box. Mehr braucht's eigentlich nicht, um glücklich zu sein. Einzig das Wetter darf nicht zum Spielverderber werden.

● Parkhaus Galeria Kaufhof, Königstraße 6, Oberstes Parkdeck (D2), 70173 Stuttgart
www.skybeach.de
● ÖPNV: alle S- und U-Bahnen, Haltestelle Hauptbahnhof

CARPE DIEM

Die mit dem Wolf heulen

38 Erlebnispark Tripsdrill in Cleebronn

Baumhäuser sind schon seit jeher ein Territorium der Kinder. Dieser Wunsch nach einem kleinen, ganz privaten Rückzugsort, wo man schalten und walten kann, wie man will. Glücklich, wer eins besessen hat. Wenn nicht, blieb das eigene Baumhaus ein kleiner, süßer Tagtraum. Zum Glück kann man das nachholen, denn das Baumhaus mit seiner besonderen Magie feiert Hochkonjunktur. Für alle Kesselkinder gibt's unweit von Stuttgart eine wunderbare Möglichkeit, dort zu schlafen, wo sich Fuchs und Hase Gute Nacht sagen.

Ronja Räubertochter musste noch mit einer Bärenhöhle im Mattiswald vorliebnehmen. Im Natur-Resort Tripsdrill geht's da schon komfortabler zu. Umringt von Wiesen, Weinbergen und Wäldern kann man, dem Erdboden entrückt, in einem urigen Baumhaushotel in luftiger Höh' nächtigen. Doch Achtung, wenn sich ein bläulicher Schleier über die Bäume legt und die Nacht langsam hereinbricht, erwacht der Wald zum Leben. Unfassbar viele Geräusche dringen ans Ohr, jedes Rascheln lässt den Puls in die Höhe schnellen. Blätterrauschen, seltsamer Vogelgesang, es kreischt und schnauft, und dann ist es da, ganz in der Nähe: das Heulen eines Wolfes. Wenn noch der Mond durch die Wipfel scheint, dann ist die Nacht im Zauberwald perfekt.

Für die, die wie ein Murmeltier geschlafen, aber auch für all diejenigen, die kein Auge zugetan haben, gibt's am Morgen ein leckeres Frühstücksbuffet in der urigen Wildsau-Schenke. Bei Tageslicht kann man sich dann im Wildparadies anschauen, wer einem den Schlaf geraubt hat. Wolf, Luchs, Bär und die restlichen 40 Tierarten des Wildparks sehen im Hellen eigentlich ganz friedlich aus. Für einen Nervenkitzel der anderen Art sorgt der angrenzende Erlebnispark. Die Katapult-Achterbahn „Karacho" macht ihrem Namen alle Ehre und lässt sämtliche Gesichtszüge entgleisen (auf dem Foto beim Ausgang für die Ewigkeit festgehalten), wenn sie von 0 auf 100 km/h in nur 1,6 Sekunden beschleunigt.

Ein echtes Abenteuer und großartiges Erlebnis fast um die Ecke.

- Erlebnispark Tripsdrill, 74389 Cleebronn/Tripsdrill
  www.tripsdrill.de
- ÖPNV: Bus 567, Haltestelle Wildpark Tripsdrill

So schön ist Nachhaltigkeit

39 Der Vintage Markt in der Tübinger Straße

Die hintere Tübinger Straße scheint irgendwie prädestiniert für Secondhand-Klamotten zu sein. Ein Laden neben dem anderen bietet Ware an, die schon irgendwo mal in einem privaten Schrank gehangen hat. An sich weder besonders spektakulär noch erwähnenswert. Es gibt allerdings einen Laden, der aus der Masse heraussticht, weil besonders hübsch und absolut speziell. Über einen Gang zwischen zwei Häusern kommt man in den Hinterhof der 74. Der Eingangsbereich ist schon mal ein Eyecatcher. Weißes Mauerwerk mit Holzleiterchen, Weinregalen, viele kleine Lichter, Pflanzen, gemütliche Stühle und Ledersessel. Die meisten laufen hier erstmal eine Runde, bevor sie die schwarzen Treppen zum Markt hinaufsteigen.

Der Showroom im Inneren ist übrigens alles, was einem zu Vintage einfällt. Klein, fein, gut sortiert, bunt. Es duftet nach Kaffee und Blumen, man könnte meinen, man sei in einem hippen Modelädchen. Wunderbar. Die Sachen sind alle sehr übersichtlich geordnet, es macht Spaß, die Kleiderständer zu durchforsten und hier und da mal etwas herauszuziehen. Die Klamotten sind ziemlich cool. Erspäht man eine Karottenjeans oder die bunten Trainingsanzüge, kommen einem die Modehighlights der 1980er-Jahre in den Sinn. Hätte man mal bloß alles aufgehoben, denkt man sich. Hat man natürlich nicht. Im Vintage Markt geht man zum Glück etwas nachhaltiger mit der Modewelt um. Ein super Gedanke, vor allem, wenn man so schöne Teile darunter hat, die viel zu schade für den Müll wären. Taschen, Schuhe, Kleider, Mäntel, tolle Einzelstücke ...ach, man könnte ewig stöbern. Dazwischen ist immer wieder dieses heimelige Wohnzimmerfeeling, zu dem auch die netten Mädels im Laden beitragen. Natürlich bleibt man hier noch auf Kaffee und selbstgebackenen Kuchen. Am liebsten im kleinen Hinterhof. An diesem absolut lauschigen Platz sitzen sie dann alle ganz selig, begutachten ihre Errungenschaften und reden über den Store und das Leben. Schön, dass eine laute Großstadt solch leise, feine Ecken hat.

- Vintage Markt, Tübinger Straße 74 und 72, 70178 Stuttgart, Tel. (07 11) 23 06 84 91
www.vintage-markt-stuttgart.de
- ÖPNV: U-Bahn U1, U9, U34, oder die Zacke, Haltestelle Marienplatz

Stuttgart im Querformat

40 Die Karlshöhe mit Blick auf die Südstadt

Das Einzigartige an Stuttgart ist, dass man von vielen Stellen aus absolut traumhaft in den Kessel blicken kann. Und so ist der nächste Glücksort logische Konsequenz. Denn wo Einheimische ihr Feierabendbier trinken, muss es einfach schön sein. Zwischen Süd und West erstreckt sich die Karlshöhe mit ihren Weinbergen und Gärten. Ein absolut lohnenswertes Ziel, um abzuschalten. Bereits 1864 schuf der Verschönerungsverein auf der Kuppe eine öffentliche Grünanlage, der ehemalige Steinbruch folgte 1889. Aus dem völlig verwilderten Gelände gestaltete Garteninspektor Adolf Wagner eine romantische Parkanlage nach englischem Vorbild.

Bevor man in den Genuss der verwunschenen Karlshöhe kommt, steht auch hier der Aufstieg. Sehr schön, aber auch etwas anstrengend ist die Willy-Reichert-Staffel. 407 Stufen erfordern Kondition, aber die kunstvollen Geländer, Balustraden und viel Grün lenken ein bisschen von der Anstrengung ab. Man sollte es, wie der Komiker und Namensgeber der Staffel Willy Reichert, einfach mit Humor nehmen.

Ist man auf dem exponierten Hügel angelangt, sind die Strapazen schnell vergessen. Der Blick von der Terrasse ist einmalig, die Atmosphäre urig. Hier kann man wunderbar entspannen. Im Biergarten Tschechen & Söhne gibt's die nötige Stärkung, bei der es sich locker bis Sonnenuntergang aushalten lässt. Man kann aber auch unterhalb der Terrasse mit Picknickdecke auf der Wiese liegen und den Wolken zusehen, wie sie so leicht und sorglos über einen hinwegziehen.

Bevor man sich wieder dem Abstieg widmet, lohnt eine kleine Wanderung auf den romantischen Waldpfaden der Karlshöhe. Dort kann man einige Relikte aus vergangenen Zeiten entdecken. Die gusseiserne Bogenbrücke zum Beispiel, die etwas verwunschen im Dickicht auftaucht, oder weiter nördlich der bezaubernde Athenebrunnen.

Wer einmal sitzt, der bleibt eine Weile. Die Panoramaaussicht ist fantastisch, hier liegt einem mal wieder die Stadt zu Füßen. Einatmen, Augen schließen, genießen. Glück pur. Versprochen.

- Karlshöhe, 70178 Stuttgart
- ÖPNV: Bus 41, 43, Haltestelle Mörikestraße (Fußweg zwischen 12 und 15 Minuten)

SANWALD
SANWALD
BRAUT BESONDERE BIERE

Die Zeit mal vergessen

41 Wilhelma – Zoologisch botanischer Garten

Mit jährlich bis zu einer Million Besuchern ist sie mit Sicherheit kein Geheimtipp. Aber die Wilhelma ist ein Ort, an dem man Tiere, Botanik und historischen Park in einem bewundern kann. Und das ist einzigartig auf der ganzen Welt. König Wilhelm I. von Württemberg wollte sich Anfang des 19. Jahrhunderts ein privates Badehaus im maurischen Stil gönnen. Es entstand ein Park, in dem ausschließlich die königliche Familie lustwandeln durfte. Nach dem Tod Wilhelms um 1880 wurde der Park nach und nach für alle geöffnet.

Zum Glück, denn das Flair aus 1000 und einer Nacht ist immer noch allgegenwärtig. Schon der Blick auf die Damaszenerhalle mit ihrem langen See, in dem Pelikane, Kormorane und Störche majestätisch umherstelzen, ist unglaublich faszinierend. Absoluter Lieblingsplatz ist der historische Maurische Garten mit seinem Seerosenteich, dem Maurischen Landhaus und den rund 70 Magnolienbäumen, die teilweise bereits 160 Jahre auf dem Buckel haben. Im Frühjahr versinkt der gesamte Hain samt seiner verzauberten Besucher in einem Meer aus tausenden Magnolienblüten. Hier vergisst man komplett die Zeit. Es sei denn, man ist mit Kindern unterwegs. Die stehen dann doch eher auf Brillenbären und Mähnenwölfe, auf gemütlich fressende Dickhäuter oder die grummeligen Gorillas, auf die frechen Pinguine am Eingang oder die lustigen Bonobos. Bei denen geben übrigens die Weibchen den Ton an.

Schafft man es bis zum Schaubauernhof, ist der Streichelzoo auf jeden Fall der Hit. Streicheln und füttern – was für ein Spaß für die kleinen Besucher. Das Aquarium kann sich ebenfalls sehen lassen, auch wenn einem bisweilen bizarre Kragenechsen und giftige Klapperschlangen Schauer über den Rücken jagen. In einem Ritt ist die Wilhelma kaum zu bezwingen. Man kann getrost ein paarmal wiederkommen, denn dank der 11.000 Tiere und 7500 Pflanzen gibt es jedes Mal etwas Neues zu entdecken.

● Wilhelma, Neckartalstraße 9, 70376 Stuttgart
www.wilhelma.de
● ÖPNV: U-Bahn U14, Haltestelle Wilhelma

Vamos a la playa

42 Der Stadtstrand in Bad Cannstatt

Ja, Stuttgart ist eine Stadt am Wasser. Das sollte man sich auch hin und wieder bewusst machen und in vollen Zügen genießen. Der Stadtstrand Stuttgart in den Seilerwasen, mit seinen geschwungenen Hügeln und dem kleinen Mammutwäldchen, ist so eine Location, wo man sich im Handumdrehen wie im Urlaub fühlt. Morgen wieder ins Büro? Och nö. Aber heute erstmal chillen. Kommt man mit dem Rad von der Stadt, ist bereits die Anreise ausgesprochen schön. Der Weg ist das Ziel – Oper, Schlossgarten, am Leuze vorbei über die König-Karls-Brücke oder mit einem Abstecher über den Rosensteinpark, die Wilhelma rechts liegen lassend über die Rosensteinbrücke, traumhaft.

Die Hektik des Tages ist vergessen, denn schon befindet man sich in einem kleinen Paradies. Der Stadtstrand ist eine idyllische Dünenlandschaft mit wunderschönem Blick auf den Neckar. Sand unter den Füßen ist schon mal das erste Indiz für Sommer, Spaß und Auszeit. Auf den Liegestühlen lässt es sich aushalten. Ein kühles Bier oder einen Cocktail in der Hand und Sonne im Gesicht – mehr braucht's eigentlich nicht. Kommt dazu noch ein leckerer Burger, bleibt man auch gerne etwas länger. Am Tag findet man hier Familien mit Kindern. Letztere buddeln freudig im Sand, klettern und toben auf dem nahegelegenen Spielplatz und haben mit der beliebten Wassertreppe im kühlen Nass ihren Spaß. Geht die Sonne langsam unter, verwandelt sich der Strand zur chilligen Outdoor-Lounge. Gelegentlich legt hier ein DJ auf oder eine Live-Band spielt entspannten Sommersound. Wenn aus der Box Café-del-Mar-Musik erklingt und auf dem beleuchteten Beachvolleyball-Feld heiße Matches ausgetragen werden, spätestens dann macht sich der Wunsch breit, der Sommer möge nie zu Ende gehen und möglichst regenfrei bleiben. Auch wenn das bei dem Wetter-Auf-und-Ab in Stuttgart ein frommer Wunsch bleiben mag – man darf ja noch träumen. Vom Stadtstrand kann man auch das Treiben beim Neckar-Käpt'n am gegenüberliegenden Ufer beobachten und sich vielleicht schon die nächste Auszeit vom Alltag überlegen.

- Stadtstrand, Schönestraße (Neckarufer gegenüber Wilhelma), 70372 Stuttgart
- ÖPNV: U-Bahn U13, U14, Haltestelle Rosensteinbrücke, U-Bahn U 14, Haltestelle Wilhelma, U-Bahn U1, U2, U13, Haltestelle Wilhelmsplatz

Im Zeichen des Glücks

43 Der Hans-im-Glück-Brunnen in der Altstadt

Stuttgart hat eine Vielzahl an wunderschönen Plätzen und beeindruckenden Vierteln. Eines davon ist das Quartier um den Hans-im-Glück-Brunnen. Für viele eines der schönsten Altstadtviertel in der City, und so ist es hier auch immer voll mit fröhlichen und lässigen Menschen. Besonders in den warmen Monaten erinnert die Atmosphäre an südländische Gefilde. Die Leute sitzen gemütlich vor den Bars, Cafés oder Restaurants, bummeln durch die kleinen Boutiquen oder spielen Tischtennis. Kaum vorstellbar, dass es Ende des 19. Jahrhunderts hier schmutzig, dunkel und stickig zuging. Im Zuge der Altstadtsanierung wurde dieser Zustand beseitigt und entstanden ist die einmalige Kulisse mit einem interessanten Architektur-Mix. Kein Haus gleicht dem anderen. Aber genau das scheint den Reiz des Viertels auszumachen.

Da sind zum Beispiel das Stiftungshaus, eines der schönsten am Platz, der markante Turm des Graf-Eberhard-Baus oder das Zeitungshaus. So gar nicht in das heimelige Bild passend ist die Fassade des alten Kaufhauses Schocken. Das aber tut dem bunten Treiben keinen Abbruch. Hier pulsiert das Leben. Das fängt beim leckeren Frühstück an und hört beim gemütlichen Absacker spät am Abend erst wieder auf.

Der Hans-im-Glück-Brunnen bildet das Zentrum des Platzes. Wie der Name schon suggeriert, ein Zeichen des Glücks, erschaffen vom Bildhauer Josef Zeitler. Von allen Lokalitäten hat man den Bauernjungen mit seinen Tierchen im Blick. Schaut man sich die Häuser genauer an, erkennt man weitere märchenhafte Symbole des Bildhauers an Fassaden und Hauseingängen. Hänsel und Gretel auf dem Backhaus, Til Eulenspiegel, das Stuttgarter Hutzelmännlein oder auf einem Giebel zwei Geißböcke und ein Storchennest mit dem Froschkönig aus Kupfer.

Absolut heimelig wird es hier am Abend, wirkt doch der matt beleuchtete Platz wie eine kleine spätmittelalterliche Welt. Und so ist man – wie der Hans – einfach im Glück, in dieser gemütlichen Altstadtinsel sitzen und das Leben genießen zu können.

- Hans-im-Glück-Brunnen, Geißstraße, 70173 Stuttgart
- ÖPNV: U-Bahn U1, U2, U4, U9, U14, Haltestelle Rathaus

Sunset Boulevard

44 Kleiner Schlossplatz

Sobald sich die ersten Sonnenstrahlen in Stuttgart zeigen, fängt der Kleine Schlossplatz an zu leben. Ein spannender Ort, der, geliebt und gehasst, über die Jahrzehnte mehrmals sein Gesicht wechselte. Erst Kronprinzenpalais, in dem die Adligen residierten, dann Verkehrsknoten in den 1970ern mit sechsspuriger Straße und vier Tunneln, von 1993 bis 2002 Lieblingsplatz der Stuttgarter dank Verkehrswegfall und Freitreppe. Aber auch das änderte sich wieder mit dem Bau des Kunstmuseums. Doch jetzt scheint sich der kleine Platz gefunden zu haben.

Eilt man über ihn im Winter, kann man sich kaum vorstellen, dass er im Sommer einer der Hotspots der Stuttgarter Innenstadt ist. Beton wohin das Auge reicht. Eingerahmt von Kunstmuseum, Buchhandlung, Bank und Königsbau Passagen. Und dennoch, in den warmen Monaten ist das Treiben einfach herrlich. Die Treppe, die die Königstraße und den Kleinen Schlossplatz verbindet, hat sich zum zentralen Treffpunkt entwickelt, hier kann man wunderbar die Menschen und das bunte Treiben beobachten. Der Platz ist ein beliebter Ort zum Relaxen geworden.

Das Spannende sind die unterschiedlichen Menschen, die sich hier zusammenfinden. Sie machen das urbane Flair am Kleinen Schlossplatz aus. Literatur und Kaffeekultur vermischen sich in der Holanka Bar im Buchhaus Wittwer. Ein kleiner Geheimtipp unter freiem Himmel, wo sich Intellektuelle, Bücherfreunde und Kreative gerne niederlassen und dabei leckeren Kaffee genießen. Den absolut schönsten Blick über den Kessel hat man im Waranga. Coole Bar im Inneren, lässige Stühle auf der großen Terrasse mit der einzigen Grünpflanze weit und breit, einer Palme. Hier ist immer was los. Man trifft sich, um am Tag Sonne zu tanken oder bei einem Cocktail und coolen Beats erst den Sonnenuntergang und dann laue Sommerabende zu genießen. Wenn bei Einbruch der Dunkelheit im Glaskubus des Kunstmuseums die Lichter angehen, ist die Atmosphäre perfekt und der Kleine Schlossplatz ein absoluter Glücksort.

- Kleiner Schlossplatz, 70173 Stuttgart
- ÖPNV: U-Bahn U5, U6, U7, U15, Bus 42, 44, Haltestelle Schlossplatz

Die Sache mit den Treppen

45

Stäffelestour durch den Stuttgarter Süden

Wie viele Stäffele es in Stuttgart gibt, weiß keiner so genau. Bis zu 600 aus allen 23 Stadtbezirken werden vermutet. Was man aber genau weiß, die Treppenanlagen sind die echten Wahrzeichen der Landeshauptstadt. Etwas versteckt, stammen die meisten aus der Zeit, als an den Hängen lediglich Weinberge und Gärten lagen. Im Zuge der Bebauung dienten die alten Weinbergstaffeln dann als Abkürzung. Heute sind sie ein echter Geheimtipp, will man die Schönheit der Stadt kennenlernen. Dazu schließt man sich am besten einer Stäffelestour an.
Gesagt getan, Stuttgart-Süd mit Oliver Mirkes. Humorvoll führt er die Truppe mit vielen spannenden Geschichten im Gepäck über verwunschene Wege an fantastische Aussichtspunkte. Aber eins nach dem anderen. Startpunkt ist der Marienplatz, von dem es auch sogleich in Richtung Heslacher Stadtbad geht. Auf dem Weg erfährt man einiges über Industrialisierung und Gründerzeit, warum die Häuser auf Lücke gebaut wurden und dass auf Anordnung des Königs alle eine schöne Front haben mussten. Wie es hinten aussah, war egal. Hauptsache, die Fassade hat gestimmt.
Die Stäffele führen vorbei an beeindruckenden Villen, bunt gemischt aus Gründerzeit, Klassizismus, Barock und Jugendstil. Über den Schwabtunnel von 1896 geht es durch viel Natur zur Rebenreute. An Stuttgarts einziger Stäffeles-Kreuzung wird es knifflig. Vier Richtungen stehen zur Auswahl. Unsere Tour führt unerbittlich hinauf. Am Blauen Weg angekommen, brennen die Beine, kurzzeitig stellt auch keiner eine Frage, das Luftschnappen hat Priorität. Nach der Kurzatmigkeit folgt die Belohnung: eine absolut überwältigende Aussicht über den Kessel. Der ist übrigens gar nicht rund, sondern hufeisenförmig. Aber das nur am Rande. An der idyllischen Karlshöhe vorbei geht es ziemlich fertig, aber glücklich wieder abwärts zum Ausgangspunkt. Bei 1160 Stufen ist Muskelkater vorprogrammiert. Aber es gibt kaum einen schöneren Weg, die Stadt zu erkunden, als nuff und wieder nondr.

- Stäffelestour vom Marienplatz aus (Abfahrtstelle Zahnradbahn), 70178 Stuttgart
www.stuttgarter-staeffelestour.de
- ÖPNV: U-Bahn U1, U9, U34, und die Zacke, Haltestelle Marienplatz

Oase der Inspiration

46 5 – Café, Bar, Gourmetrestaurant und Lounge

Ein Wort zur Beschreibung reicht für das 5 auf keinen Fall aus, aber kosmopolitisch trifft es ganz gut. 5 Sinne, 5 Elemente, 5 Kontinente erwarten den Gast. Design und Lebensfreude vereinen sich auf zwei Etagen. Michael Zeyer, ehemaliger Bundesliga-Profi und Ex-Sportdirektor der Stuttgarter Kickers, hat hier ein innovatives Refugium im Herzen Stuttgarts geschaffen und präsentiert seine Leidenschaft für das Besondere.

Das Erdgeschoss ist ein echter Hotspot in der Innenstadt. Hier trifft man sich zum Frühstück oder Lunch. Letzterer bietet abwechslungsreich und lecker Kreatives von jedem Kontinent. Das Interior ist modern, aber kuschelig. Die weiße Bar schlängelt sich durch den Raum, Fellhocker wechseln sich mit chilligen Ledersofas ab. Das Ganze wirkt urban, lebendig und trotzdem wunderbar entspannend. Bei schönem Wetter schmeckt der Aperitif auf der Terrasse am besten. Sehen und gesehen werden ...

Was im Erdgeschoss gemütlich und lecker beginnt, entlädt sich eine Etage höher in niveauvoller Sternegastronomie. Wer das mit teuer, spießig und elitär verbindet, der wird hier eines Besseren belehrt. Ästhetik mit hoher Wertigkeit auf der einen Seite, Menschlichkeit und Spaß am Service auf der anderen. Die verglaste Küche erlaubt sogar einen Blick hinter die Kulissen. Im ehemaligen Central Bahnhof, der 1846 zum 65. Geburtstag von König Wilhelm I. eröffnet und 1922 vom jetzigen Hauptbahnhof abgelöst wurde, kann man heute in einer mystischen und doch heimeligen Atmosphäre auf Ledersofa oder Ledersessel unter alten Bahnhofspfeilern speisen.

Dass hier ausschließlich Bioprodukte verwendet werden, ist ein weiterer Pluspunkt und passt zur Philosophie des 5, alle fünf Sinne anzusprechen. Ein avantgardistisches Küchenspektakel mit leisen Tönen und lässigen Akteuren, großartigen Ideen und der Erkenntnis, dass es gut ist, sich von Zeit zu Zeit von alten Denkmustern zu lösen. Der Slogan am Eingang weist schon mal den Weg: Augenblick, Leben, Leidenschaft, Anders, Frei.

- 5, Bolzstraße 8, 70173 Stuttgart, Tel. (07 11) 65 55 70 11, www.5.fo
- ÖPNV: U-Bahn U5, U6, U7, U12, U15, Haltestelle Schlossplatz, U-Bahn U14, U29, Haltestelle Börsenplatz (L-Bank)

Exot mit Wirkung

47 Qingyin – Garten der schönen Melodie

China zu bereisen, ohne einen der zahlreichen Gärten besucht zu haben – fast unmöglich. Kaum ein Volk hat den Garten so kultiviert wie die Chinesen. Um diese Kunst zu bewundern, müssen wir Langnasen aber gar nicht so weit reisen. Im Stuttgarter Norden ist der Garten der schönen Melodie zu finden. Ein exotisches Kleinod aus Südchina mitten in der Stadt. Der Name soll aus einem alten chinesischen Gedicht der Jin-Dynastie stammen, nach dem das Zusammenspiel von Flöte und Laute sowie Berg und Wasser eine schöne Melodie ergeben.

Das kleine Paradies in Hosentaschenformat, inmitten von Wohngebiet und Weinbergen gebettet, verzaubert sofort, wenn man durch das blütenförmige Tor schreitet. Kein Ort des Trubels, kein Café, nichts zum Toben und Spielen. Vielmehr ein stiller Mikrokosmos, der seine Magie nur dann preisgibt, wenn man sich auf ihn einlässt, vielleicht sogar ein bisschen chinesische Philosophie betreibt, nichts denkt und nichts bewegt. Dann verliert für einige Augenblicke das Außen seine Präsenz, weil man das Innen hat.

Wenn der Blick etwas umherschweift und man sich fragt, ob man im Land der Morgenröte keine geraden Brücken bauen kann, gibt es auch darauf eine Antwort. Die Chinesen glauben nämlich, dass böse Geister nur geradeaus laufen. Deshalb ist die Brücke im Garten der schönen Melodie auch im Zickzack erbaut. Vielleicht mahnt sie uns aber auch, etwas achtsamer durchs Leben zu gehen.

Am besten ein Buch, eine Kanne Tee und etwas Zeit mitnehmen, sich niederlassen am plätschernden Wasserfall oder auf der von wildem Grün eingewachsenen Holzbank. Und dann den Augenblick, die leichte Architektur, die kunstvollen Details, den Wind im Bambus, einfach die entspannende Szenerie wirken lassen. Hier kann man die Mittagspause nutzen, um seine Gedanken zu sammeln und Energie zu tanken, oder an einem sonnigen Tag einfach den schönen Ausblick auf den Talkessel der Kernstadt genießen oder seiner Liebsten einen romantischen Antrag machen.

● Qingyin – Garten der schönen Melodie, Birkenwaldstraße/Panoramastraße, 70174 Stuttgart, www.chinagarten-stuttgart.de
● ÖPNV: Bus 44, Haltestelle Im Kaisemer

Dem Himmel ziemlich nah

48 Die Stiftskirche am Schillerplatz

Im 10. Jahrhundert noch eine einfache Dorfkirche, ist die Stiftskirche heute ein Wahrzeichen im historischen Zentrum von Stuttgart. Und mal davon abgesehen, dass hier der schnellste Pfarrer Europas arbeitet, lohnt es sich auch so, Württembergs ranghöchstem protestantischen Gotteshaus einen Besuch abzustatten. Dann trifft man nämlich nicht nur auf Matthias Vosseler, eben diesen sportlichen und sehr weltoffenen Pfarrer, sondern auf spannende Architektur aus unterschiedlichen Epochen und – wenn man Glück hat, auf einen Tag, an dem man hoch hinaus darf.

Die Stiftskirche besitzt nämlich zwei Türme. Den schmalen viereckigen Südturm mit Spitzdach und den mächtigen achteckigen Westturm. Sie machen die Stiftskirche unverkennbar und einzigartig. Nur an wenigen Tagen im Jahr ist der Westturm geöffnet und man darf ihn bei einer Führung besteigen. Eine kleine Tür rechts neben dem Haupteingang ist der Startpunkt. Etwas Kondition sollte man schon mitbringen, der Westturm ist 61 Meter hoch. Die steile und enge Wendeltreppe führt erst einmal zum mittleren Turmdeck. Danach geht's über eine Holztreppe weiter, vorbei an der fast sechs Tonnen wiegenden Guldenglocke von 1520.

Völlig außer Atem sein ist nach 224 Stufen völlig ok. Ist man jetzt noch schwindelfrei, heißt es nichts wie raus auf die Plattform. Jeder Bezwinger des Turms wird belohnt mit einem Blick, der einfach atemberaubend ist. Man erblickt den Südturm, rechts die Uhlandshöhe, links den Schlossplatz mit Altem und Neuem Schloss. An Markttagen kann man das bunte Treiben auf dem Schillerplatz beobachten. Blickt man weiter, erspäht man die Markthalle und ist schon mittendrin im Dorotheen Quartier, gefolgt vom Rathaus. Sogar den Fernsehturm sieht man auf dieser Runde. Wenn man weiß wo, kann man gen Norden sogar den Bismarckturm erspähen. Es lohnt sich, diese Runde mehrfach zu wiederholen, denn jedes Mal kommt etwas Neues hinzu. Einfach herrlich, einen der schönsten Ausblicke der Innenstadt zu genießen.

- Stiftskirche Stuttgart, Stiftstraße 12, 70173 Stuttgart
www.stiftskirche-stuttgart.de
- ÖPNV: U-Bahn U5, U6, U7, U8, U15, Haltestelle Schlossplatz

Leinen los!

49 Der Neckar-Käpt'n in Bad Cannstatt

Einmal wie Huckleberry Finn mit dem Floß in den Sonnenuntergang schippern. Das wäre es doch. Ok, der Mississippi ist etwas weit für einen sonntäglichen Ausflug. Aber warum in die Ferne schweifen, Stuttgart ist schließlich eine Stadt am Fluss. Auch wenn sich das nicht immer so anfühlt. Zudem haben wir einen echten Seebären vorzuweisen: den Neckar-Käpt'n. Wer Wasser und Natur liebt, der sollte hier unbedingt mal an Bord gehen. Zum Beispiel auf die MS Wilhelma. Vorbei an schroffen Felsen und grünen Auen, an wunderschönen Weinbergen mit den kleinen Wengerter-Häuschen und den Mühlhäuser Steillagen, die eine Steigung von bis zu 40 Grad haben, fährt man durch das romantische Neckartal gen Zugwiesen. Dieses Neckarbiotop ist ein schöner Ort der Stille, man kann Flora und Fauna beobachten und für ein paar Stunden den Alltag komplett ausblenden. Für die Romantiker unter uns gibt es stimmungsvolle Candle-Light-Dinner auf dem Neckar mit besonderen Weinen des Collegium Wirtemberg. Spannend sind auch die Fahrten durch die Schleusen auf dem Neckar. 6 Meter Höhenunterschied sind zu bewältigen, wenn man die Cannstatter Schleuse passieren möchte. Ein tolles Abenteuer vor allem für die Kinder. Fährt man weiter am Mercedes-Benz Museum vorbei, kommt man zur Anlegestelle Untertürkheim. Von dort wandert man am besten durch das idyllische Weinbaugebiet direkt zur Grabkapelle Württemberg und erfährt dort von der romantisch-tragischen Geschichte der russischen Zarentochter Katharina und dem Württemberger König Wilhelm I. Wer lieber auf den Pfaden von Huckleberry unterwegs sein möchte, der wird vom ersten Stuttgarter Partyfloß begeistert sein. Frühschoppen, Live-Musik oder Lichterfahrt – die stimmungsvolle Flößerfahrt ist etwas ganz Besonderes und die Atmosphäre unter freiem Himmel einfach fantastisch. Seit über 20 Jahren schippert der Neckar-Käpt'n über das wilde Wasser, so die keltische Bezeichnung für den Neckar. Der zeigt sich in Natura ganz sanft und eine Tour lässt Kopf und Körper herrlich entschleunigen.

- Anlegestelle Wilhelma Neckartalstraße, 70376 Stuttgart
- ÖPNV: U-Bahn U14, Haltestelle Wilhelma

Genuss mit Wohnzimmerflair

50 Pano Brot & Kaffee im Gerber Stadtkaufhaus

Wenn man den ganzen Tag im Kessel zu tun hat oder als Tourist zu Besuch ist und die Stadt erkundet, braucht man ab und zu eine kleine Auszeit, einen Platz, wo man neue Energie tanken kann. Das Pano Brot & Kaffee im Gerber ist so ein Ort. Ein wunderschön behagliches Café, das einen den Trubel der Innenstadt vergessen lässt. Schon das Ambiente ist stilvoll, aber nicht abgehoben. Charmant und offen trifft es am besten mit seinen außergewöhnlichen Deckenelementen, dem über 5 Meter langen massiven Eichentisch, den wandhohen Regalen, den wunderschön arrangierten Blumensträußen und großen Fensterfronten. Holz, Leder, der tolle Boden – all das versprüht eine beruhigende Bodenständigkeit. Chillen, Arbeiten, Termin oder Lunch, die vielen verschiedenen Sitzmöglichkeiten bieten für jeden Anspruch den richtigen Platz. Was für eine Freude, wenn man einen freien Ledersessel im hinteren Teil vom Pano erwischt. Dann hat man einen wunderbaren Blick durch das ganze Café.

Aber nicht nur fürs Auge wird hier einiges geboten. Im Pano kann man ganz wunderbar essen. Hausgemachte Suppen, Natur-Sauerteigbrot aus dem Holzofen, Marmeladen und Aufstriche aus kleinen Manufakturen, Antipasti und Salate, Kuchen und Brioches, Müslibecher, frische Säfte und Kaffee, Tee, heiße Schokolade, Weine und Sekt. Einfache Sachen, ursprünglich, vieles regional, gut gemacht, lecker.

Während man das Ganze genießt, hat man Zeit, sich ein wenig umzuschauen. Und entdeckt auf den Tischen oder in den Regalen schöne Accessoires, handverlesen und stilvoll dekoriert. Man merkt die Liebe, mit der diese Sachen ausgesucht wurden. Selbst wenn das Café voll ist, und das ist häufig der Fall, ist die Atmosphäre immer noch heimelig und für einen kleinen Lunch oder Kaffeeklatsch bestens geeignet. Entschleunigt und mit einem wunderbaren Gefühl geht es dann wieder raus in den Großstadtdschungel.

- Pano Brot & Kaffee (im Gerber), Sophienstraße 21, Obergeschoss, 70178 Stuttgart, Tel. (07 11) 22 07 66 96, www.pano.coop
- ÖPNV: S-Bahn S1, S2, S3, S4, S5, S6, U-Bahn U2, U14, Bus 43, 92, Haltestelle Rotebühlplatz Stadtmitte

pano

Zwischen Industrie und Natur

51 Der Travertinpark in Hallschlag

Eine herrliche Aussicht auf Bad Cannstatt und das Neckartal hat man vom ehemaligen Steinbruch in Hallschlag. Gleich hinter dem Römerkastell am Ende der Hartensteinstraße beginnt der Travertinpark. Hier wurde früher in großem Stil Travertin abgebaut. Heute ist der Park nicht nur ein Biotop für gestresste und erholungsuchende Großstadtmenschen geworden, sondern auch die erste Grünanlage im Kessel, die den Charakter eines Steinbruchs verbunden mit Industriegeschichte erlebbar macht. Das Stuttgarter Travertinvorkommen ist einzigartig in Deutschland. Schon in der Antike nutzten die Menschen hier den schnell verfügbaren Naturstein. Auch heute noch findet sich Travertin an vielen Stuttgarter Bauten: Die Platten der Neuen Staatsgalerie und Teile der Außenmauern der Wilhelma gehören dazu, ebenso der Mittnachtbau, das Hotel Graf Zeppelin und der Landtag. In der Urzeit war das Quellgebiet der Mineralwässer, aus denen der Naturstein entstand, ein Treffpunkt für eine exotische Tierwelt. Dies belegt eine sensationelle Entdeckung von 1980, als hier der Kopf eines Waldelefanten, der im Museum am Löwentor zu sehen ist, ausgegraben wurde.
Heute kann man im Travertinpark auch ein Stück Bahngeschichte erleben, denn die Reste der ersten elektrisch betriebenen Industriebahn Württembergs ziehen sich durch das Gelände. Industriellen Charme verbreiten die als Parkelemente belassenen alten Steinbearbeitungsgeräte oder die historische Kranbahn. Die Ruhe auf dem Sonnenplateau mit den angrenzenden Weinbergen und die fantastische Panoramasicht auf Stuttgart sind ein Genuss. Den Eidechsen beim Sonnen auf den Schotterinseln zuzusehen oder seltene Pflanzen zu entdecken, ebenso. Aber Stuttgart wäre nicht Stuttgart, wenn dieser tolle Ort nicht auch für die Kultur genutzt werden würde. So fand hier 2018 das fünfte Bergkonzert des Popbüros Region Stuttgart statt. Der Travertinpark ist ein spannender Ort, an dem man Zuschauer sein darf, wenn die Natur ihr Terrain zurückerobert.

- Travertinpark, Hartensteinstraße 12, 70376 Stuttgart
- ÖPNV: U-Bahn U12, Haltestelle Bottroper Straße, U-Bahn U14, Haltestelle Kraftwerk Münster, Bus 56, Haltestelle Nastplatz

Open-Air-Workout

52 Sport im Park

Schon mal mit 150 wildfremden Menschen in einem Park Yoga gemacht oder Zumba getanzt? Nein? Dann ist das hier der ultimative Glückstipp. Die Chinesen machen es uns seit Jahren vor, sie tanzen, joggen, singen und spielen in ihren Parkanlagen und lassen Körper und Geist zu einer Einheit verschmelzen. Um das zu erreichen, müssen wir nicht nach Asien, nicht mal den Kessel müssen wir dafür verlassen. Von Mai bis September findet in Stuttgart „Sport im Park“ statt. Für jedermann offen, kostenlos und in freier Natur. Über 70 Angebote pro Woche auf 47 Grünanlagen werden von unterschiedlichen Sportvereinen durchgeführt. Wirklich jeder – von der Couch-Potato bis zur Sportskanone – kann mitmachen und so für ein paar wunderbare Momente dem hektischen Großstadttreiben entfliehen.

Capoeira auf der Karlshöhe, Functional Fitness im Killesbergpark, Vital in den Tag auf der Cannstatter Kursaalwiese oder Sport für Kids im Mittleren Schlossgarten: Hier findet einfach jeder seine Lieblingsart, sich zu bewegen. Da turnen Mamas mit dem Mininachwuchs neben Jugendlichen, Senioren und Junggebliebenen. Jeder nach seinem Können und seiner Muße. Ohne Zwang, dafür mit ganz viel Spaß. Möglich macht das Ganze eine Kooperation vom Amt für Sport und Bewegung mit dem Sportkreis Stuttgart und der AOK Stuttgart-Böblingen. Weil Sport in großer Gemeinschaft und unter freiem Himmel auf Stuttgarts grünen Oasen einfach genial ist, treibt es immer mehr begeisterte Menschen in die Natur.

Ein absolutes Highlight muss hier erwähnt werden: Sunrise Yoga im Oberen Schlossgarten. Auch wenn man dafür schon früh auf der Matte stehen muss, ist das Gefühl, wenn die Sonne aufgeht, eine Brise durch die Bäume weht und man sich mit so vielen Menschen im Rhythmus des Körpers bewegt, absolut überwältigend. Man spürt förmlich die Energie, die durch den Park fließt. Der Tag startet so viel schöner, da kann dann kommen was will. Unbedingt ausprobieren, denn Sport an sich ist eine tolle Sache. Sport im Park hebt das Ganze aber auf einen neuen Glückslevel.

- Sport im Park, www.stuttgart.de/sportimpark

STUTTGART
für den Sport
Sport im Park
Kostenlos und ohne Anmeldung!
www.stuttgart.de/sportimpark

Vorhang auf!

53 Das Friedrichsbau Varieté auf dem Pragsattel

Stuttgart hat in Sachen Kultur wirklich einiges auf dem Kasten. In dieses vielfältige und bunte Repertoire passt das traditionsreiche Friedrichsbau Varieté wunderbar hinein. Was für Herz, Hirn und Auge, mit fantastischen Revuen und spektakulären Inszenierungen, internationalen Spitzenartisten, glamourös, einzigartig und ergreifend. Jeder, der schon einmal in den Genuss eines solchen Abends gekommen ist, kann bestätigen, das ist Varieté-Kunst auf Weltniveau.
Bis vor ein paar Jahren stand das Friedrichsbau Varieté noch im Herzen von Stuttgart. 2014 dann der Umzug weg von der historischen Stelle hin zu einer neuen Spielstätte im Norden der Stadt in direkter Nachbarschaft zum Theaterhaus. Gleich geblieben sind die tollen Veranstaltungen, die über das ganze Jahr stattfinden. Hier kann man atemberaubende Artistik, Comedy und Theater, sinnliche Burlesque und faszinierende Zauberkunst erleben. Egal, für welche Veranstaltung man sich entscheidet, im Theatersaal ist man immer hautnah dabei, nicht selten sogar mittendrin. Unglaubliche Artisten und Akrobaten aus der ganzen Welt sind hier zu Hause. Es darf aus vollem Herzen gelacht, gestaunt und der Atem angehalten werden.
Großartig ist auch, dass das Friedrichsbau Varieté Kunst und Kulinarik verbindet. Als eines der wenigen Verzehrtheater in Baden-Württemberg darf der Gast hier staunen und genießen. Für Familien ist das Varieté ein idealer Einstieg in die Kulturszene. Gerade in der Winterzeit gibt es auch am Vormittag und Nachmittag Vorstellungen. Die sind so wunderbar inszeniert, dass sie Kinder Raum und Zeit vergessen lassen und Erwachsene, dass sie Erwachsene sind. Wo bitte kann man das heute noch?
Eine wunderbare Möglichkeit, sich einmal mehr in eine andere Welt voll Extravaganz, Poesie, Leidenschaft und Humor zu begeben, in der alles möglich scheint. Ein Abend, der das Publikum und einen selbst so verzaubert, dass man ihn so schnell nicht vergessen wird.

- Friedrichsbau Varieté Theater, Siemensstraße 15, 70469 Stuttgart, Tel. (07 11) 2 25 70 70, www.friedrichsbau.de
- ÖPNV: U-Bahn U6, U13, Haltestelle Maybachstraße

RIEDRICHSBAU VARIE
DINKELACKER
VON GANZEM HERZEN HIER.
DINKELACKER
VON GANZEM HERZEN HIER.

Einmal Kessel von oben

54 Hasenbergsteige mit dem Hasenberg

Eins gleich vornweg: Vor dem Genuss kommt die Anstrengung. Für den Wanderer schweißtreibend, Radfahrer kommen regelmäßig an ihre Grenzen beim Versuch, einen der höchsten Punkte im Kessel zu erklimmen. Wohl dem, der ein Pedelec sein Eigen nennt.

Doch eins nach dem anderen. Startet man am Gänsepeterbrunnen, der seit 121 Jahren am unteren Ende der Hasenbergsteige die Vorbeiziehenden beglückt, ist von der Steigung, die gleich folgt, noch nicht so viel zu sehen. Ob der Gänsepeter zufrieden lächelt oder verzweifelt versucht, seine weggelaufenen Gänse einzufangen, liegt im Auge des Betrachters. Fakt ist, dass hier früher kurz vor dem Martinstag die Gänse aus der Umgebung zum Markt getrieben wurden. Die Gänse sind Geschichte, die 15 % Steigung nach der ersten Kurve nicht. Doch der Aufstieg lohnt sich Meter für Meter. Auf dem mit Bäumen gesäumten Weg gibt es wunderschöne Villen. Bereits in der Mitte am Aussichtspunkt Hasenbergsteige schweift der Blick vom Norden über den Westen bis in die Mitte des Kessels. Dass man sich auf dem Dach eines Wasserbehälters befindet, ist den meisten nicht bewusst. Wer hier schon genug vom Aufstieg hat, biegt in den 900 Meter langen „Blauen Weg". Dieser schlängelt sich einfach nur gerade aus, vorbei an verwunschenen Gärten, schönen Villen, mit einem fantastischen Blick auf den Süden, Degerloch und Fernsehturm und der Option eines Abstiegs über eine der zahlreichen Stäffele ins Tal.

All die, die unermüdlich weiter nach oben streben, grüßt am Ende der Steige der in jungen Jahren verstorbene Schriftsteller Wilhelm Hauff. Den Park legte einst Christian Friedrich von Leins an, der auch die Villa Berg, den Königsbau und die Springbrunnen auf dem Schlossplatz mit erbaut hat. Etwas unerwartet trifft man hier auch auf farbenfrohe Skulpturen von Otto Herbert Hajek und auf die Ruine des Hasenbergturms, einst markantes Wahrzeichen des Hasenbergs. Durchatmen, das Dopamin strömen lassen und sich erfreuen, die einst so aristokratische Hasenbergsteige bezwungen zu haben.

- Hasenbergsteige, 70178 Stuttgart
- ÖPNV: Zahlreiche S-Bahn-Linien, Haltestelle Schwabstraße

Urschwäbisch gemütlich

55

Das Stuttgarter Weindorf

Einmal im Jahr, gegen Ende der Sommerferien, geht's im Kessel um des Schwaben Liebstes: den Wein. Zwölf Tage wird beim schönsten Weinfest Deutschlands (das sagen übrigens nicht nur die Schwaben) geschlotzt, was das Zeug hält. Macht ja irgendwie auch Sinn, denn schließlich wachsen die Weinberge hier bis in die Stadt hinein. Gemütlich geht's zu, mitten in der Innenstadt, in der das traditionelle Weindorf rund um das Alte Schloss aufgebaut ist. Vom Schillerplatz durch die Kirchstraße rüber zum Marktplatz vorbei an urschwäbisch geschmückten Lauben.

Gut gelaunt schlendern die Menschen durch die Gänge, bereits gegen Mittag wandern die Viertele über die Theke. Es duftet nach Rostbraten, Maultaschen und Linsen mit Spätzle. Bis in die Abendstunden hinein wird gelacht und gefachsimpelt, natürlich auch über den Wein. Da hat ja jeder so seine Vorlieben. Aber bei über 500 württembergischen und badischen Qualitätsweinen dürfte wohl für jeden Gaumen was dabei sein.

Wer heuer noch denkt, das Weindorf ist nur was für ältere Semester, der irrt gewaltig. Viele Jungwinzer mischen die Szene mit spannenden Kreationen auf und ziehen damit auch viele junge Menschen an, die ihre Liebe zum Rebensaft gerade entdecken. Auch wenn es hier um die Traube an sich geht, wird hier natürlich nicht nur getrunken. Besonders am Wochenende gibt's einiges für Familien zu erleben. Und beim Bummeln durch die kleinen Gassen kann man auch schon mal den einen oder anderen Stuttgarter Promi entdecken.

Zusammen feiern und genießen, seit über 42 Jahren eine schöne Tradition im Kessel. Ein Fest, dass trotz seiner Größe das Urige und die Gemütlichkeit noch nicht verloren hat und manchmal eher wie eine gesellige Hocketse wirkt. Wenn die Sonne dann langsam untergeht, die Bänke sich füllen, man etwas näher zusammenrückt und die Stimmung steigt, dann braucht es zum perfekten Glück auch nicht mehr als ein paar Viertele. Hald emmr ois nach'am andera …

- Stuttgarter Weindorf, Schiller- und Marktplatz sowie in der Kirchstraße, 70173 Stuttgart
- ÖPNV: U-Bahn U6, U7, U12, U15, Haltestelle Schlossplatz

Zucker-Lädle

Vier auf einen Streich

56 Tübinger Straße

Auf dieser Seite geht es um Vielfalt. Genauer gesagt, um einen Kilometer Stuttgart, der, noch vor einigen Jahren trist und schmuddelig, heute ein buntes Sammelsurium der Möglichkeiten ist: Ausgehmeile, Wohnviertel, Treffpunkt, Shopping Place, Schlemmerviertel. Das alles findet sich in der Tübinger Straße. Sie fängt Ecke Eberhard-/Königstraße an und endet am Marienplatz. Eine Prachtstraße ist sie nicht, Alt und Modern stehen nebeneinander, vertragen sich aber ganz gut. Man hat hier immer das Gefühl, nicht in der Großstadt zu sein. Viele kleine Läden und Bars machen das Viertel so heimelig.
Kulinarisch gibt es hier gleich vier Glücksorte. Den Anfang macht das DO's in Nummer 15. Klein, wie die Küchen in Ho-Chi-Minh-Stadt. Man könnte es leicht übersehen. Dann würde man aber was verpassen. Vietnamesisch, Chinesisch, Thailändisch und Vietnam Street Food. Unbedingt mal eine Phó bestellen. Dazu ein paar Summerrolls mit hausgemachtem Erdnussdip. Ein Traum. Wer es lieber japanisch mag, der geht in die 41. Die Einrichtung im Mikôto ist sensationell. Da waren Menschen mit Geschmack am Werk. Die Sushiplatten sind legendär, traditionelle Gerichte und Neukompositionen, einfach lecker, der Service exzellent. Da sagt man gerne „Mata ne". Bis bald. Einen Hüpfer zum Nachbarn gemacht und schon ist man im Claus. Gestartet als Eismanufaktur, jetzt auch Geheimtipp für gesundes Essen: Açaí-Bowl, Quinoa-Salat, Avocado Lover, üppig belegte Stullen, himmlisch. Die Waffeln, zum Dahinschmelzen. Am Ende noch ein Eis ist hier Usus. Absolutes Paradies auch für Veganer. Im Sommer ist die Terrasse sehr beliebt. Man hat einen wunderbaren Blick auf das bunte Gewusel im Gerberviertel. Last but not least geht's in die Nummer 95, ins Café Misch Misch. Zwei Stufen runter in das Souterrain und schon ist man verzaubert. In dem wunderschön eingerichteten Raum mit der türkisgrauen Bar lässt es sich bei türkischem Mokka und feinem Kuchen wunderbar relaxen, tratschen oder arbeiten. Ein rundum perfektes, gemütliches kleines Café.

- Tübinger Straße, 70178 Stuttgart
- ÖPNV: S-Bahn S1, S2, S3, S4, S5, S6, Haltestelle Rotebühlplatz Stadtmitte

MIKÖTO
COS

Bücher, Wein und Essen

57 Alt-Hoheneck am Neckar

Raus in die Natur geht immer. Man muss nur wissen, wohin. Deshalb soll an dieser Stelle Alt-Hoheneck zu Wort kommen. Ein kleiner mittelalterlicher Ort am Neckar, rund 20 Kilometer von der Landeshauptstadt entfernt. Mit engen Gässchen und historischen Häusern, üppigen Weinbergen und der romantischen Wolfgangkirche, mit grünen Neckarauen und lauschigen Wanderwegen. Über all dem thront die Burgruine Hoheneck mit wunderbarem Blick ins Neckartal.

Hier gibt es aber auch das erste Freiluft-Antiquariat Deutschlands. Direkt am Brunnenplatz. Ein Paradies für alle, die Bücher lieben. Heiner Beuttler ist der Herr der Bücher. Er hat einen besonderen Gnadenhof errichtet für das beschriebene Blatt, das sonst im Altpapier verschwinden würde. Zu jeder Tages- und Nachtzeit kann man gebrauchte Lektüre zu seinem Eigen machen. Einmal im Jahr, am Ende des Sommers, findet hier der beliebte große Büchermarkt statt. Aber auch kulinarisch kann der Ort sich sehen lassen. Die Krone Alt-Hoheneck ist ein heimeliges Plätzchen, wo man den Tag ganz wunderbar ausklingen lassen kann. Im Gasthaus gegenüber dem Antiquariat wird noch regional nach Omas Rezepten gekocht. Schwäbisch traditionell, ursprünglich, mit moderner Note. Pascal und Markus Fetzer sind die Wirte und haben aus den alten Gemäuern eine gute Stube gemacht. Die Räume hell, mit alten Holzmöbeln, Stuckdecken, das Parkett knarrt. Nichts ist hier zu viel. Dafür wirkt die dezente Dekoration auf den Tischen und man hat einen schönen Blick durch die großen Fenster ins Grüne. Das Publikum ist bunt gemischt, die Atmosphäre urig, eigen, familiär. Montag ist Backtag in der Krone. Da wird abends frisches, selbstgebackenes Holzofenbrot und Flammkuchen im Kronekeller serviert. Urlaub daheim kann man im Sommer im idyllischen Vespergarten mit einem tollen Blick auf die Weinberge machen. Ist der Sommer vorbei, geht's in der Fetzerei mit Konzerten, Instrumental-Musik und Bands heiß durch den Winter. Alt-Hoheneck – ein kleiner Ort, an dem man wunderbare Stunden erleben kann.

● Alt-Hoheneck, 71642 Ludwigsburg

● ÖPNV: S-Bahn S5, Haltestelle Bahnhof, Ludwigsburg, dann Bus 427, Haltestelle Uferstraße, Hoheneck, oder mit dem Neckarschiff von Bad Cannstatt nach Hoheneck

Treffpunkt der Kulturen

58 Das Alte Waisenhaus am Charlottenplatz

Ein geschichtsträchtiger und wunderschöner Ort mitten im Zentrum ist das Alte Waisenhaus. Ein gelber, langgestreckter, viereckiger Bau mit einem idyllischen Innenhof. Für die, die ab 1712 hier leben mussten, war dies wohl eher eine zu erduldende Disziplinierungsanstalt als ein Glücksort. Aus dieser etwas schauderhaften Anstalt mit ihren engen Schlafsälen und dem streng geregelten Alltag, in der von den ersten 500 aufgenommenen Kindern 120 starben, entwickelte sich über die Jahre eine angesehene Schule. Seit 1925 befindet sich das Institut für Auslandsbeziehungen (ifa) im Alten Waisenhaus. Im Laufe der Jahre ist hier ein Ort des Zusammenkommens von ganz unterschiedlichen Kulturen entstanden.

Eine bunte Welt aus Kunst, Genuss und Integration beherbergt das Innere des historischen Gebäudes. Die ifa-Galerie Stuttgart präsentiert Kunst, Architektur und Design aus Afrika, Asien, Lateinamerika und Osteuropa. Hochinteressante Ausstellungen, Workshops und Vorträge zeigen die immense kulturelle Vielfalt und bringen Menschen in ansprechendem Ambiente zusammen, an lauen Sommerabenden auch im altehrwürdigen Innenhof. Aber auch Welcome Center, Welthaus und Weltladen bereichern das Areal und bieten den Menschen einen Platz für öffentliche Dialoge und gleichzeitig die Möglichkeit, mal über den Tellerrand hinauszublicken und über das Leben an sich nachzudenken.

Neben dem Grand Café Planie und dem Amadeus hat sich das Weltcafé als ein absoluter Wohlfühlort etabliert. Am besten nimmt man Platz auf der Terrasse im schmucken Innenhof und lässt sich mit leckerem Essen aus ökologischem Anbau und fairem Handel verwöhnen. Die Speisen kommen, wie das junge und sehr nette Team auch, aus aller Herren Länder. Wenn die Sonnenstrahlen auf dem Innenhof tanzen und der Wind leise durch die Blätter des Lindenbaums rauscht, weiß man diesen entspannten, schönen und weltoffenen Ort für Geist, Magen und Seele noch viel mehr zu schätzen.

- Altes Waisenhaus, Charlottenplatz 17, 70173 Stuttgart
- ÖPNV: U-Bahn U1, U2, U4, U9, U14, Haltestelle Charlottenplatz

Weltcafe

Gänsehautfeeling, bitte!

59 Das Alte Schloss am Schillerplatz

Ein Prachtbau mitten in der Stadt, das hat schon was. Davon hat Stuttgart ja einige zu bieten. Das Alte Schloss ist so ein Meisterwerk. Als Wasserschloss um den sogenannten Stutengarten errichtet, später mit Reittreppe, Arkadenhof und protestantischer Kirche zu einer repräsentativen Residenz umgebaut, als Machtzentrum abgelöst, im Krieg schwer getroffen, als Kulturgut wieder auferstanden. Ein Ort voller Geschichten, Mythen und Legenden. Schlendert man über den ebenso geschichtsträchtigen Schillerplatz auf das burgartige Gebäude mit seinen Türmchen, Gauben und Spitzbogenfenstern zu, kommt man sich vor wie in einer anderen Zeit.

Durch ein Tor gelangt man in den atemberaubenden Arkadenhof, wahrlich ein Glanzstück der Renaissancebaukunst. Eberhard im Bart begrüßt heute noch erhobenen Schwertes und in Bronze gegossen die Besucher. Unter der Woche kann man auf den Steinbänken die Schönheit dieses friedlichen und stillen Ortes auf sich wirken lassen. Wenn man schon beim Schweifen in die Vergangenheit ist, sollte man auch mal einen Blick in die im Südwestflügel untergebrachte Schlosskirche mit der Königsgruft werfen und das Landesmuseum Württemberg im Inneren des Schlosses besuchen. Hier wird Geschichte von der Steinzeit bis zur Neuzeit wieder lebendig. Faszinierend ist die Hausmeisterführung, die nur wenige Male im Jahr stattfindet und bei der man unbekannte Gänge, versteckte Treppen und Korridore, die einst nur den Dienstboten vorbehalten waren, entdeckt. Hier kommt man garantiert mit neuem Wissen heraus. Mit Socken durchs eigene Kindermuseum geht es für kleine Kunstbegeisterte. Das Junge Schloss bietet für den Nachwuchs tolle Aktionen zum Mitmachen an.

Was für Herz und Ohr ist der Stuttgarter Kultursommer, der jedes Jahr im Juli im Innenhof des Alten Schlosses stattfindet. Absolut magisch ist das Ambiente, wenn an sommerlichen Abenden die Sänger ihre Stimme in den beleuchteten Arkaden erheben. Gänsehautfeeling gepaart mit einem tiefen Wohlgefühl.

- Altes Schloss, Schillerplatz 6, 70173 Stuttgart
- ÖPNV: alle S-Bahnen, Haltestelle Stadtmitte, U1, U2, U4, U9, U14, Haltestelle Charlottenplatz

Tausend Geschichten

60 Die Markthalle

Ein Ort, der einfach zu jeder Jahreszeit fasziniert, ist die Markthalle. Wer schon immer mal wissen wollte, welche Geschichten sich um das über hundertjährige Schlaraffenland ranken, was es mit dem Mord am Eingang der königlichen Seite auf sich hat und wer – außer dem nie gefassten Eierdieb – noch so in den Katakomben zugange war und ist, der kann sich auf Spurensuche mit einer Führung begeben. Nicht zu vergessen die kulinarische Reise durch ganz Europa mit asiatisch-indischen Einflüssen.
Stuttgarter Markthalle Spezial ist eine der begehrtesten Stadtführungen, am besten mit Ingrid Krieger, einer waschechten Stuttgarterin. Seit 20 Jahren Stadtführerin durch und durch, kann sie auf einen enormen Erfahrungsschatz über die Landeshauptstadt (und darüber hinaus) zurückgreifen und bringt ihre Zuhörer immer wieder zum Schmunzeln und Staunen mit ihren tausend kleinen Geschichten. Sie verrät, warum die Markthalle für Vincent Klink das „Paradiesle" ist, auf welchem Stuhl der König saß und warum man sich im Marktstüble zu früher Stunde niemals auf einen Platz der Marktfrauen setzen sollte. Es sei denn, man ist lebensmüde. Natürlich gibt es noch viel mehr zu erfahren. Ingrid Krieger kennt jeden in der Markthalle und jeder kennt sie. So viel sei verraten: Die zwei Stunden lohnen sich auf jeden Fall. Und auch größeren Kindern wird es gewiss nicht langweilig.
In diesem schönen Jugendstilbau kann man aber auch wunderbar einkaufen. Obst, Gemüse, Fisch, Fleisch, Backwaren und internationale Leckereien. Natürlich nicht einfach so, denn die Markthalle ist seit jeher ein Ort zum Zusammentreffen, Plaudern, Schlemmen und natürlich zum Genießen. Hier mischen sich Einheimische und Touristen, hier darf auch mal probiert werden, die Auswahl ist überwältigend und es duftet überall anders. Ein ganz besonderes Einkaufserlebnis mitten in Stuttgart und mal so ganz anders als im Supermarkt um die Ecke. Gefährlich wird's, wenn man hier mit leerem Magen reingeht. Denn diesen Angeboten zu widerstehen ist praktisch unmöglich.

- Markthalle, Dorotheenstraße 4, 70173 Stuttgart
- ÖPNV: U1, U2, U4, U9, U14, Haltestelle Charlottenplatz

100 JAHRE
MARKTHALLE
UNGARISCHE
& BALKAN
SPEZIALITÄTEN
Schwyzer Stand
Hochland
Internationale
Spezialitäten
Pappas
Gourmet Palace

Glanz der Vergangenheit

61 Vom Stadtgarten zum Hoppenlaufriedhof

Dürfte man einem Platz in Stuttgart wünschen, dass er ein Glücksort wird, dann wäre dies der Stadtgarten. Warum? Weil er es bereits einmal war. Wasserspiele, prächtige Blumenbeete, ein Gewächshaus mit exotischen Pflanzen und das Weinhaus am See zogen viele Ausflügler an und machten ihn zum beliebtesten Park der Stadt. Das war um 1900. Und heute? Da dümpelt der Stadtgarten in der Kreisliga, obwohl er Potenzial nach ganz oben hätte. Ähnlichkeiten mit ansässigen Fußballvereinen sind rein zufällig.

Warum der historische Park in Vergessenheit geriet, ist unverständlich. Denn das Areal an der Universität ist wie eine Insel zwischen Bauten aus alter und neuer Zeit. Durch die schönen Kastanienalleen, die schattenspendend die große Wiese säumen, kann man nicht nur romantisch bummeln – im Sommer wird hier gelernt, gespielt, gepicknickt und Sport getrieben. Neben dem alten Baumbestand findet man hier wunderschöne Marmorfiguren, die noch von der Fassade des königlichen Polytechnikums stammen.

Ein weiterer geschichtsträchtiger Ort schließt sich an, lässt man den Taubenschlag und die Hochschule für Technik in ihrem anmutigen Egle-Bau links liegen. Vorbei an der Universitätsbibliothek, dem Wheel von Werner Pokorny und Gebäuden der Universität durch eine Unterführung hin zum Hoppenlaufriedhof, dem ältesten noch erhaltenen Friedhof Stuttgarts. Er zählt zu den schönsten historischen Begräbnisstätten in Deutschland. Zwischen dem 18. und 19. Jahrhundert wurden hier alle beigesetzt, die Rang und Namen hatten. Ein Ort, der Geschichten von Dichtern, Schriftstellern und Künstlern erzählen kann, wenn man sich ein bisschen Zeit nimmt. Spaziert man am frühen Morgen unter den hohen Bäumen durch den verwilderten Park mit seinen pittoresken, mit Moos bewachsenen alten Gräbern, ist man plötzlich umgeben von einer mystischen Atmosphäre, als wäre die Zeit stehen geblieben. Ein wunderbares Gefühl. Es wäre schade, dieses Kleinod am nördlichen Rand der City nicht auf dem Plan zu haben.

● Stadtgarten an der Universität Stuttgart, Keplerstraße, 70174 Stuttgart
● ÖPNV: Bus 40, 42, 43, Haltestelle Linden-Museum

Wo die drei Grazien tanzen

62 Die Rotunde der Staatsgalerie

Dieser magische Ort versteckt sich, obwohl er das gar nicht nötig hätte. Vielleicht ziert er sich auch, seine Schönheit preiszugeben neben all der großartigen Kunst, die ihn umgibt. Tatsächlich aber ist er ein Geheimtipp und traumhaftes Plätzchen mitten im Trubel der Stadt. Die Rede ist von der Rotunde, dem Mittelpunkt der Neuen Staatsgalerie. Betritt man von der Urbanstraße her den Fußweg, der keineswegs geradeaus zum Eingang der Staatsgalerie führt, sondern mal eckig, mal rund verläuft, kann man die sich nach oben öffnende Rotunde bereits bewundern. Hinein kommt man in den Zylinder mit seinen 32 Metern Durchmesser allerdings nicht von außen. Man muss schon durch den Museumseingang mit seinem giftgrünen Noppenboden zu einem eher unscheinbaren Hinterausgang laufen. Das ist wohl ein Grund, warum dieser wunderbar verwunschene Ort selten überfüllt ist. Glück für diejenigen, die ihn kennen und finden, denn die Mischung aus mediterranem Flair, sinnlichen Skulpturen und postmoderner Architektur ist beeindruckend schön. Der Himmel tut sein Übriges, denn er leuchtet im Zusammenspiel mit den Platten aus Travertin und Schilfsandstein noch mal so blau.

Am besten, man nimmt auf einem der Stühle Platz und lässt diese atemberaubende Kulisse einfach auf sich wirken. Da sind die Rundbogenfenster und Fensterdurchbrüche, die Freitreppe und das Portal und eben die klassizistischen Skulpturen, wie die drei Grazien nach Antonio Canova, die einst das Schloss Rosenstein zierten. Wie die Göttinnen der Anmut, so schön und anmutig präsentiert sich die ganze Rotunde, an deren Wänden wilder Wein und Ginster wachsen. Und noch einen Vorteil hat dieser idyllische Ort – man kann ihn völlig kostenfrei besuchen.

Hat man die Stille genossen und noch ein wenig Zeit übrig, sollte man diese in einen Besuch der Staatsgalerie investieren. Das größte Museum für bildende Kunst in Baden-Württemberg mit Meisterwerken aus über 800 Jahren und großartigen Ausstellungen ist immer einen Besuch wert.

- Rotunde der Staatsgalerie, Konrad-Adenauer-Straße 30–32, 70173 Stuttgart, Tel. (07 11) 4 70 40-0, www.staatsgalerie.de
- ÖPNV: Bus: 40, 42, U-Bahn: U1, U2, U4, U9, U14, Haltestelle Staatsgalerie

Beam me up, Scotty

63 Carl-Zeiss-Planetarium Stuttgart

Mit einer Rakete durchs All fliegen und die dunkelsten Geheimnisse der Galaxien erkunden, wer hat als Kind nicht davon geträumt? Leider ist nun mal nicht jeder dafür geschaffen, ein Astronaut zu werden. Muss auch nicht. Den Sternenhimmel mit seinen unfassbaren Weiten kann man ganz bequem vom Boden aus beobachten. Stuttgart hat 1977 dafür ein ziemlich cooles Planetarium gebaut. Die Stufenpyramide sieht mit ihrem sechsgliedrigen Edelstahlskelett wie ein Raumschiff aus, das einfach so im Mittleren Schlossgarten gelandet ist. Ok, der Bauwahn drum herum ist gerade etwas nervig. Trotzdem sollte man sich davon nicht abschrecken lassen, denn im Inneren sieht die Welt sofort anders aus.

Mit spektakulärer Projektionstechnik werden die Besucher auf eine wunderbare Reise in die Geschehnisse des Universums geschickt, bei der so manchem vor Staunen der Mund offen bleibt. Der virtuelle Flug durch die Milchstraße in ferne Galaxien ist unglaublich: Man erfährt so einiges über die Geschichte der Welt, die Entstehung der Sterne, über schwarze Löcher und das Aussehen der Ur-Erde oder darüber, ob es Leben jenseits unserer Erde gibt. Ach ja, die Dinosaurier kommen auch vor bei der rasanten Fahrt vom Urknall zum Menschen. Ein optomechanisches Wunderwerk ist der Sternenprojektor in der Mitte des Saals. Aus ihm können nicht nur 9100 Sterne leuchten, er kann auch innerhalb einer Zeitspanne von zehntausend Jahren den Sternenhimmel von jedem beliebigen Punkt auf den Planeten im Sonnensystem darstellen.

Eine bessere Möglichkeit, dem Alltag zu entkommen, gibt es wohl kaum, als in diese Zeitmaschine zu steigen: spannend und einfach mitreißend. Am Ende steht man ein bisschen verwirrt wieder in der reellen Welt und ist überwältigt von der kaum begreifbaren Komplexität jenseits unseres kleinen Planeten. Das Eintauchen in Raum und Zeit ist so fantastisch – das muss man selbst gesehen, erlebt und gefühlt haben.

- Carl-Zeiss-Planetarium Stuttgart, Willy-Brandt-Straße 25, 70173 Stuttgart, Tel. (07 11) 21 68 90-15, www.planetarium-stuttgart.de
- ÖPNV: U-Bahn U1, U2, U4, U9, U14, Haltestellen Neckartor und Staatsgalerie

Verwunschenes Idyll

64 Das Seeschloss Monrepos am Eglosheimer See

Ein romantisches Kleinod vor den Toren Stuttgarts ist die englische Parklandschaft der Domäne Monrepos, die sich noch heute im Besitz des Hauses Württemberg befindet. Absolut idyllisch und abseits von Hektik und Trubel liegt dieses Paradiesgärtchen mit seinem malerischen Waldsee, geheimen Orten längst vergangener Zeiten und verwunschenen Pfaden, auf denen man wandeln kann. Inmitten dieser Oase, die auch ein romantisches Hotel, das herzogliche Weingut, einen renommierten Reitverein und das beliebte Golfareal beherbergt, befindet sich das Seeschloss Monrepos, dessen Geschichte bis ins Jahr 1714 reicht. Hier baute Herzog Eberhard Ludwig einst seinen Jagdpavillon. Daraus wurde 30 Jahre später unter Herzog Carl Eugen ein barockes Lustschloss. Aber auch das änderte sich, denn König Friedrich ließ es im klassizistischen Stil umbauen.
Bis zu den letzten warmen Herbsttagen kann man durch die große historische Parkanlage mit ihren schier unendlich langen Kastanienalleen schlendern, gemütlich auf der Wiese sitzen, mit Freunden und mitgebrachten Leckereien picknicken und den wunderbaren Sonnenuntergang beobachten. Viele nutzen den Park, um zu joggen oder beim Spazierengehen die Seele einfach baumeln zu lassen. Während einer Bootstour über den Eglosheimer See hat man das Schloss immer im Blick und entdeckt verwunschene Plätze, die einem als Spaziergänger verborgen bleiben. Bei einer Führung kann man das Seeschloss mit seinem wunderschönen Kuppelsaal und der historischen Schlossküche erkunden.
Ein absoluter Höhepunkt ist das Klassik Open Air mit Feuerwerk, das im Zuge der Ludwigsburger Schlossfestspiele um das Monrepos stattfindet. Hier kann man klassische Musik vor der Kulisse des Seeschlosses mit einem spektakulären Feuerwerk genießen. Ein Fest für die Sinne. Die tolle Stimmung verursacht jedes Mal ein absolutes Gänsehautfeeling. Wie der Name schon sagt, in der Domäne Monrepos kann man die Ruhe genießen, Natur und Geschichte erleben und einfach im Zauber von Park, Schloss und See versinken.

- Seeschloss Monrepos, 71634 Ludwigsburg-Eglosheim
- ÖPNV: Bus 430, Haltestelle Eglosheim Monrepos

It's tea time, Darling!

65 The English Tearoom in der Weißenburgstraße

Auch wenn uns die Engländer in Sachen Teekultur einiges voraushaben, müssen wir im Kessel auf Tee-Expertise nicht verzichten. Denn wir haben ja den English Tearoom. Zum Glück, denn dieser kleine traditionelle Laden im Heusteigviertel ist einfach wunderbar. Very British durch und durch, mit seinen typisch englischen Tapeten und Regalen voll von blumigem Teegeschirr, britischem Gebäck und feinen Marmeladen. Und – natürlich – gutem Tee. Nicht den, den man von Englandreisen kennt, immer etwas zu bitter im Geschmack. Lynn und Christian Hazlewood fahren selber in die besten Teegärten der Welt. In ihr Geschäft kommt nur loser, aufwendig von Hand produzierter Tee von höchster Qualität. Die schmeckt man, denn guter Tee ist wie guter Wein. Damit kennt man sich im Schwabenland ja bestens aus. Da es aber hier nicht um Wein, sondern Tee geht, steht man anfänglich etwas ratlos aufgrund der großen Auswahl im Raum. Allerdings nur kurz, denn Lynn ist eine fantastische Gastgeberin und nimmt sich Zeit für jeden Kunden. Es darf natürlich auch probiert werden. Und so schiebt die gebürtige Londonerin eine Tasse Kräutertee über den Holztresen. Natürlich in feinstem englischem Porzellan, ein bisschen kitschig und herrlich nostalgisch. Das Auge trinkt mit. Bereits beim ersten Schluck spürt man, dass Tee wirklich ein Genuss sein kann. Milch wäre hier eine Tragödie, lässt Lynn wissen.

Ein paar Häuser weiter gibt es die zweite Teestube, ein zauberhaft eingerichteter Seminarraum. Dort kann man in sehr nett gemachten Kursen das Scones-Backen und alles über den Afternoon Tea lernen. Hat man sich zur britischen Teezeremonie verabredet, reicht Lynn ganz traditionell Canapés mit Gurken, Huhn, Hummus oder Avocado und die obligatorischen Törtchen, Macarons und Scones. Das Ambiente ist umwerfend. Hier kann man sich selbst verwöhnen, entspannen und mit Gleichgesinnten einfach genießen. Zwei Stunden köstliche Auszeit vom Alltag und die Erkenntnis, dass Tee wirklich glücklich macht.

- The English Tearoom, Weißenburgstraße 29, 70180 Stuttgart, Tel. (07 11) 51 87 40 06, www.the-english-tearoom.de
- ÖPNV: Bus 43, Haltestelle Falbenhennenstraße, U-Bahn U1, U9, U34, Haltestelle Österreichischer Platz

Tea
Tisane

Echter Kiez im Kessel

66 Der Stuttgarter Westen

Für die einen ist der Stuttgarter Westen das Beste, was der Kessel zu bieten hat, für andere wohnen hier einfach die nettesten Menschen. Fakt ist, der Westen ist der am dichtesten besiedelte Stadtteil Deutschlands. Junge Familien zieht es ebenso hierher wie Singles, Kreative und Selbstständige. Abseits der großen Einkaufszentren findet man hier viele kleine feine Geschäfte, Designer, Galerien, Handwerksbetriebe in Hinterhöfen und zahlreiche Cafés und Lokale an den Straßenecken. Hinter den reich verzierten Fassaden der vielen Gründerzeithäuser lässt es sich hervorragend wohnen. Alternativ, kreativ, hipp. Auch ein wenig kuschelig geht's im Westen zu. Man kann alles zu Fuß erreichen, man kennt sich, man schwätzt miteinander. Es gibt Hinterhöfe, die Abenteuerspielplätze für die jungen Anwohner sind, manche sogar mit Hasen und Hühnern. Ein wunderbar geschützter Raum, fast wie auf einem Dorf.

Architekturhighlight ist die Johanneskirche mittendrin. Der neugotische Sakralbau thront idyllisch auf einer Halbinsel im Löschwasserteich Feuersee. Notre-Dame lässt grüßen. Ein Lieblingsmotiv bei Sonnenuntergang und lässiger Platz zum Verweilen. Ungezwungen und urban geht's rund um den Bismarckplatz zu. Dieses Viertel hat, wie der gesamte Westen, einfach alles, was es zum urbanen Glücklichsein braucht. Frühstück im LUMEN, verführerische Kunstwerke aus der Patisserie Tarte & Törtchen, leckere Tapas bei José und Josefina an der Ecke, schwäbisch beim Spätzleschwob oder doch lieber italienisch in der Trattoria Piloni? Essenstechnisch ein echter Lieblingsplatz und immer wieder einen Besuch wert. Das Ganze wird noch viel schöner, wenn im nächsten Jahr der Startschuss für den Umbau fällt mit viel Platz für Urban Gardening, Sonnen, Picknicken und kreatives Werkeln. Man könnte noch so viele Geschichten aus dem Westen erzählen. Am besten, man lässt sich durch diesen lässigen Kiez treiben oder bucht eine Tour und erfährt sie, die Geschichten hinter den Fassaden. Spätestens dann spürt man es: Stuttgart fühlt sich hier einfach gut an.

- Stuttgarter Westen
- ÖPNV: S-Bahn S1, S2, S3, S4, S5, S6, Haltestelle Feuersee

Ein Tag am Fluss

67 Der Neckarstrand in Remseck

Wenn es richtig heiß wird im Kessel, will jeder nur eins: Abkühlung. Rund 20 Kilometer außerhalb, dort, wo Neckar und Rems zusammenfließen, gibt es ein kleines Idyll, das Entspannung und Urlaubsfeeling garantiert: der Neckarstrand von Remseck. Er ist Teil des Landschaftsparks Neckar, fast 100 Meter lang und besteht tatsächlich aus echtem Natursand. Wohlgemerkt ist er weder Badesee noch Freibad. Vielmehr ein Ort zum Zusammenkommen und Erholen. Und genau das ist das Schöne. Man kann hier einfach nur sitzen, träumen, lesen, picknicken, Federball spielen, den Kindern beim Sandburgenbauen zuschauen oder die vorbeiziehenden Schiffe beobachten. Vom großen Kahn bis zum kleinen Paddelboot ist alles dabei. Man kann auch die Füße ins Wasser halten, wenn man will, sogar schwimmen. Auf eigene Gefahr, versteht sich. Ein unbeschwerter Tag am Fluss. Hier könnte man ewig sitzen.
Man könnte aber auch einen der wunderbaren Radwege nutzen, denn Neckartal- und Alb-Neckar-Radweg, Remstal-Radroute und Württemberger Weinradweg führen direkt am Neckarstrand vorbei. Muss man aber nicht, es reicht, den Radfahrern ab und an zuzuwinken und sich wieder dem Müßiggang zuzuwenden. Denn genauso schön und entspannt wie am Neckarstrand geht es am urigen Bootshaus am Hechtkopf gegenüber zu, wo Rems und Neckar ineinander münden. Wie eine Insel kommt einem der gemütliche Biergarten vor, der auf der Landzunge liegend einen wunderbaren Blick auf den Neckar zur Linken und die Rems zur Rechten freigibt, an deren Ufern häufig Wasservögel zu Besuch sind. Mit schwäbischen und bayrischen Leckereien aus der Bootshausküche kann man sich hier verwöhnen lassen und die einmalige Naturlandschaft samt fantastischem Sonnenuntergang genießen.

- Neckarstrand Remseck am Neckar, 71686 Remseck am Neckar
- ÖPNV: U-Bahn U12, Haltestelle Neckargröningen Remseck

Lass dich berauschen

68 Merz & Benzing in der Markthalle

Die historische Jugendstil-Markthalle beherbergt den Genusstempel der Stadt, aber auch ein ganz besonderes Warenhaus. Biegt man in die Rosenstraße ein, fällt einem sofort der wunderbar dekorierte Eingangsbereich ins Auge. Hier beginnt das Reich von Merz & Benzing. Kleine Tische, üppige Blumenarrangements und wunderschöne Accessoires machen sofort Lust, diesen Laden zu betreten.

3000 Quadratmeter und alles voll von kleinen und großen Schätzen rund ums stilvolle Wohnen.

Einrichtung, Dekoration und Design auf drei Etagen, alles mit viel Sorgfalt aufeinander abgestimmt. Ausgesuchte Möbel mit avantgardistischem oder fernöstlichem Flair bestimmen das Untergeschoss. Im Erdgeschoss stehen wunderschöne Blumen, Geschirr und Kinderträume im Fokus. Steigt man die Treppe nach oben, wird der Rausch des Schönen noch getoppt. Eine ganze Etage rund um Küche, Garten sowie Bett und Bad. Die Magie der einzelnen Ideen-Nischen, die hier präsentiert werden, liegt darin, dass alles so wunderbar arrangiert ist. Die Küchenabteilung ist ein Traum. Man bekommt Lust auf Kochen, Zusammensein mit Menschen, die einem nahestehen und ein großes Verlangen, sich einfach an eine der gedeckten Tafeln zu setzen. Beeindruckend auch die Garteninsel. Man wünscht sich augenblicklich ein eigenes bisschen Grün, um all die schönen Dinge, die hier so bezaubernd arrangiert wurden, darin zu platzieren. Betritt man die Terrasse, entdeckt man Pflanzen, Brunnen, Pavillons und herrlich duftende Rosenbäumchen, die nur darauf warten, den eigenen Garten in ein Paradies zu verwandeln.

Auch die Jahreszeiten spielen hier eine große Rolle. Sind die Sommer in diesem Haus herrlich leicht und bunt, so verwandelt sich das Interior zur Winterzeit in ein absolut fantastisches Weihnachtswunderland. Ein Warenhaus wie Merz & Benzing findet man heute nur noch selten. Absolut bereichernd und abseits vom Gewohnten. Durchbummeln und sich berauschen lassen.

- Merz & Benzing, Dorotheenstraße 4, 70173 Stuttgart
www.merz-benzing.de
- ÖPNV: U-Bahn U1, U2, U4, U9, U14, Haltestelle Charlottenplatz

MERZ & BENZING

Da steht ein Pferd auf'm Flur

69

Im Mercedes-Benz Museum

Das gleich mal vorweg: Das Mercedes-Benz Museum ist nicht nur was für Autofreaks und Männer mit Schraubenschlüsseln, die in ihren Garagen am Auto werkeln. Zwischen Bundesstraße, Stadion, Veranstaltungshallen, Festplatz und Stammwerk erhebt sich das imposante Gebäude aus Glas und Aluminium in den Himmel. Die 43.000 verbauten Tonnen Beton im Inneren kann man hier noch nicht erahnen. Das Innenleben des Museums folgt dann auch seiner ganz eigenen, etwas futuristischen DNA. Die ist nämlich, wie das menschliche Erbgut, in Form einer Doppelhelix angelegt. Gerade Wände oder rechte Winkel gibt's nicht. Dafür zwei gegenläufige, ineinander verschlungene Ebenen, die dem Besucher alle Möglichkeiten der Routenwahl offen lassen. Die spannende Automobilgeschichte von über 130 Jahren beginnt 1886 mit dem allerersten Automobil, 159 weitere Fahrzeuge aller Sparten folgen. Geschichten säumen den Weg, lückenlos dargestellt vom ersten Tag an, versteht sich. Und auf die Frage, was es mit dem Schimmel auf sich hat, findet sich auch eine Antwort.

Der Audioguide zeigt sich in der Tat als nützlicher Helfer. Man muss es ja nicht laut rausposaunen, aber es lohnt sich, mal auf den Kinderkanal umzuschalten. Die Geschichten sind da (wie in sehr vielen Museen und Ausstellungen) irgendwie netter. Jeder bekommt eben genau das, was ihn interessiert.

Dass die Schwaben nicht nur tolle Autos bauen, sondern auch g'scheit kochen können, erlebt man im hauseigenen Restaurant. Hier lohnt es sich, einen Boxenstopp einzulegen. Auch außerhalb PS-starker Karossen kann man hier eine wunderbare Zeit erleben. Dann, wenn sich im Sommer die Bühne vor dem Museum in ein magisches Freilichtkino verwandelt. Unter wolkenlosem Sternenhimmel mit all den Menschen zusammen großes Kino zu erleben, ist einfach unfassbar schön. Nicht anders verhält es sich mit den Konzertsommern. Wenn die Menge sich im Takt der Musik bewegt, sind das absolut bewegende Gänsehaut-Momente. Das hätte Carl und Gottlieb mit Sicherheit auch gefallen.

● Mercedes-Benz Museum, Mercedesstraße 100, 70372 Stuttgart
www.mercedes-benz.com/de/mercedes-benz/classic/museum
● ÖPNV: Bus 45, 56, Haltestelle Mercedes-Benz Welt

Mercedes-Ben

Im Jagdrevier des Königs

70 Der Rot- und Schwarzwildpark

Für einen Ausflug ins Grüne muss der Stuttgarter nicht einmal seine Stadt verlassen. Ein Traum zu jeder Jahreszeit sind die Wälder des Rot- und Schwarzwildparks im Westen. Wunderschöne Natur, Tiere, Wasser und urige Eichen, Birken und Trauerweiden. Bis zum Ersten Weltkrieg benötigte man noch eine Jahreskarte, um Park und Wildgehege zu besuchen. Heute ist der Besuch natürlich frei und lohnt sich allemal.

Einst Weideland, später Jagdrevier, heute Naturschutzgebiet: Viele schöne Wanderwege führen rund um Pfaffen-, Bären- und Neuen See, sehr idyllisch als Stauseekette angelegt. Bei schönem Wetter kann man im Bärensee sogar Rotwangen- und Gelbbauch-Schildkröten beobachten, die ihre Panzer gen Sonne recken. Auch wenn sie ursprünglich da gar nicht hingehören, faszinieren die Nordamerikanischen Schmuckschildkröten vor allem die kleinsten Besucher. Der Pfaffensee hingegen ist eher bekannt für die Vielzahl an Karpfen, die sich darin tummeln. Auf dem Weg durch Wald und Seenlandschaft kann man nicht nur die Tiere im Gehege beobachten, sondern auch Architektur bewundern. Deshalb sollte man eine kleine Zeitreise im Schloss Solitude unternehmen. Schnurgerade und vorbei an majestätischen Bäumen geht's von dort aus zum Bärenschlössle, um dessen brummigen Namensgeber sich so mancher Mythos rankt. Die entpuppen sich allerdings bei näherer Betrachtung als Mär. Wahr ist aber, dass man hier wie einst noch lecker speisen kann. Im Biergarten oder im Inneren des achteckigen Pavillons werden Linsen und Spätzle, Zwiebelrostbraten und Viertele serviert. Durch die verglasten Flügeltüren hat man einen fantastischen Blick auf Bärensee und Landschaft. Die zwei schwergewichtigen Bronzebären vorm Schlössle machen sich nicht schlecht als geduldige Reittiere für die jungen Besucher.

Der Rot- und Schwarzwildpark ist ein echtes Kleinod vor den Toren Stuttgarts mit seinen einsamen Wegen, den schönen Wiesen und prächtigen, uralten Bäumen. Egal, wie oft man kommt, durch den jahreszeitlichen Wandel gibt es immer Neues zu entdecken.

- Rot- und Schwarzwildpark, 70569 Stuttgart
- ÖPNV: Bus 91, Haltestelle Forsthaus I, Bus 92, Forsthaus II

Wozu die Eile?

71 SchwabenQuellen im Stuttgarter SI-Centrum

Möchte man der quirligen Stadtmitte mal entfliehen, eröffnet sich vor den Toren Stuttgarts eine wunderbare Möglichkeit für einen absolut relaxten Spa-Tag. Die SchwabenQuellen sollen eine der schönsten Wellness-Oasen Europas sein. Das will schon was heißen. Hat man sich hier mal eine Auszeit gegönnt, weiß man auch, warum. Bei der exotischen Weltreise durch 18 Länder- und Kulturkreise kann man wunderbar entspannen und gleichzeitig Kraft tanken.

Je nach Belieben findet hier jeder seine Lieblingssauna. Neben den Klassikern wie finnische Sauna oder Südtiroler Hüttenzauber sollte man unbedingt die ägyptische oder die balinesische Kräutersauna versuchen. Große Chancen, Lieblingsplatz zu werden, hat die tibetanische Meditationssauna. Kerzenlicht, Meditationsmusik und Gebetsmühlen ... ein absolut beflügelnder Ort. Mit über 30 Erlebnis-Aufgüssen wird in den SchwabenQuellen Saunakultur vom Feinsten zelebriert. Mit Können und einer Prise schwäbischem Humor lässt das Personal seine Gäste ordentlich schwitzen. Wer es nicht ganz so trocken und heiß mag, für den sind die acht verschiedenen Dampfbäder sicher bestens geeignet.

Nach Hitze kommt Entspannung. Aber bitte mit Stil! Erfrischende Badelagunen, traumhaft schöne Ruhebereiche, Whirlpools, Erlebnisduschen warten darauf, erobert zu werden. Wer es etwas diskreter mag, der kann exklusiv eines der beiden PrivateSpas im Alpen- oder Orient-al-Stil buchen. Den Tag rund machen die Angebote aus der Massage- und Kosmetikabteilung.

Wellness macht hungrig. Zum Glück. Denn in der MandalaBar kann man herrlich leicht und köstlich speisen. Eine echte Schlemmeroase mit Lagunenblick. Absolutes Strandfeeling gibt's in der Kanto Beach Bar. Und leckere Cocktails dazu. Viermal im Jahr legen die SchwabenQuellen übrigens den Damen der Schöpfung die komplette Wellness-Welt zu Füßen. Dann nämlich finden die Ladies-Days statt. Wer am Abend immer noch Muße hat, etwas zu erleben, der kann sich in einem einzigartigen Musical im SI-Centrum einfach davonträumen.

● SchwabenQuellen, Plieninger Straße 100, 70567 Stuttgart
● ÖPNV: U-Bahn U3, Haltestelle Salzäcker

Wandeln im Paradiesgarten

72

Schloss Leonberg mit seinem Pomeranzengarten

Noch vor 40 Jahren war er ein verwilderter Flecken, heute ist der Pomeranzengarten in Leonberg der einzig erhaltene Terrassengarten aus der Renaissance in Württemberg. Ein wunderschönes Kleinod unterhalb des Schlosses vor den Toren Stuttgarts. Wie in einer anderen Epoche fühlt man sich beim Schlendern durch dieses höfische Idyll. Zu Recht, denn der Garten wurde bereits vor über 400 Jahren angelegt. 1609 nahm Herzogin Sibylla von Württemberg ihren Witwensitz im frisch renovierten Schloss Leonberg ein. Ihr Sohn, Herzog Johann Friedrich, ließ für seine an Botanik und Heilkunde interessierte Mutter vom berühmten Renaissance-Baumeister Heinrich Schickhardt einen terrassierten Lustgarten samt Pomeranzenhaus und Brunnen anlegen. Ein echter Paradiesgarten, auch heute noch.

Läuft man die große Treppe hinauf zum Garten, ist man erst einmal erstaunt über Klarheit und exakte Geometrie, die hier vorherrschen. Vier zeltdachbekronte Ecktürmchen bewachen die Gartenterrasse, in deren Mittelpunkt eine achteckige Brunnenanlage mit einem Obelisken residiert. Rechts und links befinden sich zwei gleich große Gartenbereiche, durch Holzgeländer begrenzt. Auch sie sind jeweils mit prachtvollen Brunnen geschmückt. Überall wächst in den kleinen Beeten eine herrlich bunte Mischung aus Blumen, Gewürz- und Heilpflanzen sowie Bäumchen. Wer es weiß, entdeckt auch die Namensgeberin des Gartens, die Pomeranze. Zur Zeit von Herzogin Sibylla zeugte der Besitz der exotischen und wertvollen Bitterorange von Reichtum und förderte das Ansehen. Sie durfte seinerzeit aber auch in der Küche und als Heilmittel in der Hausapotheke nicht fehlen.

Der bewachsene Laubengang an der Schlossmauer bietet im Sommer Schatten und lädt mit seinen Sitzmöglichkeiten zum Verweilen ein. Ein absolut schönes Fleckchen ist der kleine Renaissancegarten, wunderbar, um zu entspannen, Ruhe zu finden und längst vergangene Gartenkunst zu genießen.

TIPP

Ein Spaziergang durch die Gassen der Leonberger Altstadt mit den historischen Häusern lohnt sich.

- Schloss Leonberg, Schlosshof 7, 71229 Leonberg
- ÖPNV: Bus 92, 635, 651, Haltestelle Leonberg Altstadt

Gebrauchsobjekt Haus

73 Die Weissenhofsiedlung auf dem Killesberg

Groß ist sie nicht, dennoch ist die Weissenhofsiedlung eine der bedeutendsten Architekturschöpfungen der frühen Moderne. Unter dem Titel „Die Wohnung“ wurde sie 1927 als Ausstellung vom Deutschen Werkbund initiiert und von 17 führenden Architekten ihrer Zeit realisiert, darunter Le Corbusier, Hans Scharoun, Walter Gropius und Ludwig Mies van der Rohe, der die künstlerische Leitung innehatte. Bis heute gilt dieser Siedlungskomplex als Paradebeispiel der Bauhaus-Architektur und Prototyp einer neuen Wohnphilosophie. Genau aus diesem Grund ist die Siedlung Anziehungspunkt für Architekturbegeisterte aus aller Welt.

Besichtigen sollte man unbedingt das Museum im Haus Le Corbusier. Hier gibt es interessante Details zur Geschichte der Weissenhofsiedlung und den revolutionären Wohnideen. Ebenso kann ein Teil der Einrichtung von 1927 im Stil der Bauhaus-Tradition bewundert werden. Damals seiner Zeit voraus und noch heute absolut faszinierend sind die minimalistisch reduzierten, multifunktional erdachten Wohnbereiche, die sich an die Gegebenheiten des täglichen Wohnens anpassen lassen. Selbst heute regen sie zum Nachdenken über Wohnsituationen und Konsumverhalten an. Ballast und Spießbürgertum stehen Nutzen und Lebendigkeit gegenüber. Wunderbar, dass ein Ort es schafft, sich damit zu beschäftigen.

Die Dachterrasse, übrigens auch ein Bestandteil der Architekturidee Le Corbusiers, sollte man auf keinen Fall auslassen, denn der Blick auf Stuttgart ist beeindruckend. Alle anderen Häuser, die allerdings nur von außen begutachtet werden können, sind nicht minder interessant. Ein Rundgang durch die formstreng gestaltete Siedlung mit ihren schmucklosen, kubischen Häuserformen und Flachdächern lässt einen erahnen, warum die Architekten zur damaligen Zeit nicht nur bejubelt, sondern auch umstritten waren. Man kann kaum glauben, dass diese Architektur über 90 Jahre alt ist. Trotzdem hat die Grundfrage „Wie wohnen?“ nichts an ihrer Aktualität verloren.

- Weissenhofsiedlung, Stuttgart, und Weissenhofmuseum im Haus Le Corbusier, Rathenaustraße 1–3, 70191 Stuttgart, www.weissenhofmuseum.de
- ÖPNV: U-Bahn U5, Haltestelle Killesberg, Bus 44, Haltestelle Kunstakademie

WEISSENHOFMUSEUM
IM HAUS LE CORBUSIER

Die Spuren des Herzogs

74 Das Schloss Solitude

Fernab vom Getümmel, westlich von Stuttgart und umgeben von Wäldern liegt das Schloss Solitude. Das haben die Schwaben dem baufreudigen Herzog Carl Eugen zu verdanken. Mitte des 18. Jahrhunderts wurde es als Jagd- und Lustschloss zum Erholen nach der Jagd und für Repräsentationszwecke errichtet. Kavaliersbauten für Hofstaat, Gesinde und Ritterküche zieren die Rückseite. Eines davon bewohnte auch mal Friedrich Schiller als Zögling der Hohen Karlsschule, auch wenn er das nicht ganz freiwillig tat.

Heute kommen die Besucher ganz aus freien Stücken in dieses Idyll mit dem prachtvollen Blick ins Unterland. Zu Recht, denn hier kann man Geschichte erleben und in einzigartiger Atmosphäre flanieren wie in vergangenen Zeiten. Die imposante spätbarocke Anlage hat heute mit Einsamkeit, wie der Name es vermuten lässt, meistens nichts am Hut. Man sollte sich trotzdem auf die Spuren des lebenslustigen Herzogs Carl Eugen begeben und das Schatzkästchen von innen begutachten – auch die etwas dunkle und geheimnisvoll enge Wendeltreppe, die sich zur Aussichtsplattform auf der Kuppel schlängelt. Wohl dem, der dies in Kauf nimmt, der wird belohnt mit einer grandiosen Aussicht. Erst hier oben erschließt sich die unglaubliche Weite des ganzen Schlosskomplexes.

Die Schlosskapelle im östlichen Kavaliersbau ist ein verstecktes Kleinod. Von außen kaum erkennbar, entfaltet sie im Innern ihre Magie. Ein weiß gehaltener wunderschöner Raum mit goldenem Deckenbild bringt die meisten Besucher in Verzückung. Schauen, Lustwandeln und Staunen macht bekanntlich hungrig. Kein Problem. Im Kleinen Café des Kavaliershäuschens gegenüber der Kapelle gibt es Kaffee und Kuchen. Etwas gehobener wird man vom Schloss-Küchenteam im A-la-carte-Restaurant verwöhnt.

Übrigens, würde man der 12 Kilometer langen, schnurgeraden Solitude-Allee folgen, käme man am Ludwigsburger Residenzschloss mit blühendem Barock und Märchengarten heraus. Ein ebenfalls lohnenswerter Ausflug auf den Spuren des Herzogs von Württemberg.

● Schloss Solitude, Solitude 1, 70197 Stuttgart
www.schloss-solitude.de
● ÖPNV: Bus 92, Haltestelle Solitude

Ein Stück Sommer

75 Am Palast der Republik

Eine öffentliche Bedürfnisanstalt ist sicher kein Ort, wo man lange verweilen möchte. Und doch gibt es in Stuttgart einen Platz, der seit 30 Jahren Menschen dazu bewegt, aus einem Ex-Klohäuschen Bier zu ordern und sich davor auf den Boden zu hocken. Mitten in der Stuttgarter Innenstadt.

An lauen Sommerabenden platzt der Palast der Republik fast aus allen Nähten. Dann strömen sie von überall her, trinken Bier, reden, lachen und hocken bis spät in die Nacht. Ein lauschig urbaner Ort, der durch seine Einfachheit so besonders ist. Der ganz ohne Schnickschnack auskommt, einfach, weil er ein lässiger Platz mit lässigen Menschen ist. Auch wenn man ihn gerne als Szenetreff bezeichnet, trifft sich hier tatsächlich die ganze bunte Republik. Im Anzug ein Feierabendbier trinken geht genauso, wie die bestandene Masterthesis feiern oder über die Zukunft philosophieren. Wo in anderen Kneipen keine Chance auf Platz besteht, wenn alle Tische voll sind, nutzt man hier einfach zusätzlich den Boden. Dementsprechend voll ist es unter den Schatten spendenden Bäumen und man muss schon etwas akrobatische Beinarbeit leisten, um zur Bar zu gelangen. Aber die Stimmung ist so entspannt, dass dies außer den grimmig blickenden Minotaurus niemanden wirklich stört.

Es lohnt sich, mal einen Blick ins Innere des denkmalgeschützten Pavillons zu werfen. Aber bitte nicht alle auf einmal. Denn innen ist's eng. Über der Tür steht „Erbaut 1926“. Das ist ziemlich lang her und damals hatte der Pavillon auch noch ein Spitzhütchen auf dem Kopf. Nach genug Bier geht man 93 Jahre später immer noch die Stufen hinunter zu den Toiletten.

Selbst wenn der Palast Winterschlaf hält, kommen fast jedem, der vorübergeht und ihn kennt, Gedanken an warme unbeschwerte Sommerabende. Manchmal ist es einfach schön, wenn die Dinge so bleiben, wie sie sind. Denn der Palast der Republik war, ist und bleibt einfach Kult, und wenn er öffnet, ist das ein untrügliches Zeichen, dass endlich wieder Sommer im Kessel einzieht.

- Palast der Republik, Friedrichstraße 27, 70174 Stuttgart
- ÖPNV: U-Bahn U14, U29, Haltestelle Börsenplatz (L-Bank), U-Bahn U5, U6, U7, U12, U15, Bus 42, 44, Haltestelle Schlossplatz

Lass dein Geld in der Region

76 Der Wochenmarkt im Stadtzentrum

Die regelmäßigen Wochenmärkte in Stuttgart sind wunderbare Institutionen. Bereits im 13. Jahrhundert handelten die Menschen mit ihren Waren auf der Straße. Heute hat fast jedes Viertel seinen eigenen Wochenmarkt. Und es ist überall dasselbe. Man kennt sich, redet, philosophiert über Waren und Welt und kauft natürlich frische Produkte, am liebsten aus der Region. Das hat schon was Heimeliges und Beruhigendes in unserer Discounterwelt.

Ein Ort zum Genießen ist der Wochenmarkt auf Schiller- und Marktplatz. Langschläfer werden ihn wohl verpassen. Hier geht's Dienstag, Donnerstag und Samstag zeitig zur Sache. Am Wochenende ist der Trubel natürlich am größten. Dann scheint halb Stuttgart auf den Beinen, um mit Kind und Kegel über die historischen Plätze in der Innenstadt zu flanieren. Hier einen Salat, dort ein paar Blumen, ein duftendes Holzofenbrot, den Honig vom Imker nicht vergessen. Startet man am Schillerplatz, ist man erst einmal überwältigt von all der bunten Blumenpracht. Eingebettet zwischen Altem Schloss, Stiftskirche, Fruchtkasten und Prinzenbau verbreitet dieser Platz ein einmaliges Ambiente. Es lohnt sich, einfach mal innezuhalten und, wie Schiller es seit 180 Jahren tut, sich einen Überblick zu verschaffen. In der Mitte die Blumen, am Rand Obst und Gemüse. Und überall Verkäufer, die sich Zeit für ihre Kunden nehmen. Probieren darf man natürlich auch. Bereits die ersten schönen Dinge im Arm, schlendert man weiter Richtung Marktplatz. Hier ist dann auch etwas mehr Trubel. Das macht aber nichts, denn es scheint jeder seinen Lieblingsstand zu haben und so bleiben die Schlangen überschaubar. Man spürt, dass die Menschen dieses Treiben genießen. Wenn man vor lauter Schauen, Kaufen und Austauschen von Neuigkeiten eine Pause benötigt, bieten die vielen kleinen Cafés und Restaurants drum herum und in den Seitengässchen eine willkommene Abwechslung. Einen schönen Blick über Stuttgart und den Markt hat man übrigens von der Terrasse im karls kitchen im Obergeschoss des Breuninger.

- Wochenmarkt Marktplatz und Schillerplatz, Markt- und Schillerplatz, 70173 Stuttgart, www.stuttgarter-wochenmaerkte.de
- ÖPNV: U-Bahn U5, U6, U7, U12, U15, Bus 42, 44, Haltestelle Schlossplatz

Unbehandeltes
Obst
eigenes Erzeugnis
Suppen-
Tomaten
1kg 2.50
Stück
1.20
Suppen
Tomaten
1kg 2.50
Kochtomaten

Familärer Szenetreff

77 Der Marienplatz in Stuttgart-Heslach

Der Stuttgarter Süden ist eigentlich eine Kleinstadt für sich und der Marienplatz hat sich zum Herzstück gemausert. In den letzten 142 Jahren hat er eine wechselvolle Geschichte hinter sich, vom Zirkus zur Drogenszene. Aber das gehört der Vergangenheit an. Heute ist der Marienplatz ein lässiger Ort mit buntem Treiben. An schönen Tagen. Regentage und Schmuddelwetter stehen ihm nicht annähernd so gut. Manches ist geblieben wie früher. So war es vor 100 Jahren schon hipp, im Café Kaiserbau zu sitzen. Sobald sich die Temperaturen nach Frühling anfühlen, kommen die Menschen aus ihren Häusern, um den Platz mit seinen Bars, Cafés und Restaurants mit Leben zu füllen. Sehr beliebt, die Gelateria Kaiserbau. Sie hat alles, was Liebhaber der kalten Süßspeise brauchen. Im Sommer sollte man dafür allerdings etwas mehr Zeit einplanen, denn vor dem Genuss kommt das Anstehen. Um sich die Zeit zu vertreiben, könnte man ein wenig Feldforschung betreiben. Zu sehen gibt es hier nämlich immer was. Da werfen die Jungen Körbe auf dem Sportcourt, die Kids toben auf ihrem Spielplatz, Freunde sitzen bei einem mitgebrachten Bier auf den Treppen, Kreative bei einem Cortado in der Condesa Café & Bar. Hip ist es auch im Café Galao um die Ecke und ziemlich lecker bei L.A. Signorina. Mitten auf dem Platz gibt es noch eine etwas ungewöhnliche Haltestelle. Hier spuckt die Zacke Menschen aus oder nimmt Radlergruppen mit nach Degerloch. Nur wer noch nie die Alte Weinsteige mit einem Rad hochgestrampelt ist, denkt sich Unsportliches dabei. Die 210 Höhenmeter bis zum Stadtrand sind mit der Zahnradbahn einfach herz- und kreislauffreundlicher zu meistern. Jeden Abend biegt die Zacke übrigens in das Foyer des Theaters Rampe ein und nächtigt dort. Einen eigenen kleinen Wochenmarkt hat der Marienplatz natürlich auch. Menschenmassen dagegen zieht es im Sommer zum Marienplatzfest. Open-Air-Feeling, Streetfood, Live-Musik. Ein Viertel in Feierlaune. Der Marienplatz ist also auf dem besten Weg, ein echter Glücksort zu werden.

- Marienplatz, 70178 Stuttgart
- ÖPNV: U-Bahn U1, U9, U34, und die Zacke, Haltestelle Marienplatz

Mit Tieren nichts am Hut

78

Das Restaurant Körle und Adam in Feuerbach

Manchmal entpuppen sich die unscheinbaren Dinge als wahre Glücksgriffe. Geht man vorbei, bleibt man ahnungslos. Und verpasst womöglich etwas ganz Großartiges. So wie bei Körle und Adam am Eingang des Feuerbacher Tals. Von außen kann man noch nicht erkennen, was für ein Schatz sich im Inneren verbirgt. Nämlich ein charmantes kleines Lokal mit vielen liebevollen Details, aber nicht überladen. Und vielleicht das Wichtigste: Der Gast wird ausschließlich vegan bekocht. Aber nicht einfach so, hier macht man sich Gedanken, wie eine gesündere und bessere Welt funktionieren könnte. Die Lebensmittel und Getränke meist Bio, das Essen unglaublich lecker, das Aussehen ist Augenschmaus pur. Um es schon mal vorwegzunehmen, hier passt einfach alles zusammen. Für Stuttgarter ist das Restaurant sicher kein Geheimtipp mehr. Aber ein Glücksort in jedem Fall.

Vegan und Genuss schließen sich hier nicht aus. Das fängt schon bei der Karte an. Die ist überschaubar und gibt einem das gute Gefühl, hier wird noch richtig gekocht. Zur Auswahl stehen immer drei Menüs, bestehend aus je zwei Vorspeisen, Hauptgang und Dessert. Man kann aber wild mixen, wenn einem die Crostini mit Oliven- und Tomatencreme aus Menü eins, die Kastanien-Polentanocken aus zwei und die Schoko Crème Brûlée aus Menü drei so richtig lecker vorkommen. Kein Problem. Die Inhaber Thomas Adam und Alexander Körle zaubern tolles Essen auf den Tisch, kreativ umgesetzt, aber ohne viel Chichi und Tamtam. Irgendwie ehrlich und immer lecker. Von der Vorspeise bis zum Dessert. Im Sommer wird die Gartenlaube im Hinterhof zu einer kleinen wunderbaren Oase. Hier lässt es sich aushalten!

Bei all dem Lob hat auch das kleine Restaurant in der Feuerbacher-Tal-Straße einen Haken, der zum echten Glückskiller werden könnte. Es ist immer, wirklich immer voll. Kurzfristig essen gehen? Keine gute Idee. Unbedingt vorzeitig reservieren. Auch wenn man kein Veganer ist, muss man diesen lukullischen Ort auf jeden Fall mal ausprobieren.

● Körle und Adam, Feuerbacher-Tal-Straße 31, 70469 Stuttgart-Feuerbach, Tel. (07 11) 8 38 24 66, www.koerleundadam.de

● ÖPNV: U-Bahn U6, Föhrich

Sinneswandel

79 EINS + ALLES

Schon mal durch eine Spaghettiwand gekämpft? Wahrscheinlich nicht. Macht man zu Hause selten. Nicht weit von Stuttgart, in einem idyllischen Tal unterhalb von Welzheim, liegt ein besonderer Park, in dem ist das gang und gäbe. Kein Freizeitpark im klassischen Sinne. Nichts hier bietet simple Zerstreuung. Alles ist darauf ausgelegt, ganz zu sich selbst zu kommen. Wie? Das Erfahrungsfeld Eins + Alles schickt uns auf eine Reise in die vielschichtige Welt der Sinne. Eine Welt, in der man wieder staunen lernt und angehalten wird, den eigenen Sinnen viel mehr zuzutrauen – ihnen zu trauen.

Start ist in der Roten Achse. Von außen sieht es total harmlos aus, das rote Haus. Aber Vorsicht, das hat's faustdick hinter den Ohren, wenn man es betritt. Auf drei Etagen gibt es eine Erfahrung nach der anderen. Und so kann es durchaus passieren, dass man dort länger als geplant verweilt. Der Außenbereich ist allerdings nicht minder spannend. Tieroase, Jurte, Aktionsplatz oder Wald der Balance fordern alles von ihren Besuchern ab. So kostet es ein wenig Überwindung, sich in das Dunkelhaus zu begeben. Nichts für Angsthasen, prima für Neugierige. In völliger Finsternis muss man sich ganz auf seinen Tastsinn verlassen. Der Kopf liefert die Bilder erst im Anschluss. Verkehrte Welt. Doch damit nicht genug. Der Wunderweg durch den Wald hält fast fünfzig faszinierende Stationen parat. Ist man am Ende übermannt von der Fülle an Erfahrungen, kann man im Café und Restaurant Molina seinen Geschmacksnerven etwas Gutes tun. Oder man startet dort am Wochenende mit einem ausgiebigen Frühstück und begibt sich dann gestärkt auf dieses einzigartige Sinneserlebnis. Das Eins + Alles ist ein magischer Ort für Kinder und Erwachsene – für uns, weil er uns zurück in die Kindheit schickt, in der man riechen, hören, tasten, balancieren und experimentieren darf. Am Ende ist man wirklich erstaunt, wozu die eigenen Sinne in der Lage sind. Einfach mal einlassen, seine Sinne herausfordern und auf wunderbare Weise spüren. Garantiert kein Tag wie jeder andere.

● EINS + ALLES. Erfahrungsfeld der Sinne, Laufenmühle 8, 73642 Welzheim
● ÖPNV: Bus 228, 263, Haltestelle Laufenmühle, Welzheim

Losgelöst von Raum und Zeit

80 Zimt und Zucker im Heusteigviertel

Eigentlich ist es völlig egal, zu welcher Tageszeit man im Zimt und Zucker aufkreuzt. Hier ist immer was los und es ist einfach immer gemütlich. Nichts ist aufgesetzt, alles hat Seele. Der rote Boden, die goldene Theke, die bunt durcheinandergewürfelten Stühle, die verschiedenen Lampen. Indische Gottheiten sitzen vis-à-vis von Andy Warhol und leben in friedlichem Miteinander mit Barbie, Superman und Nussknacker. Kleine dicke Buddhas in grellen Farben schauen grinsend vom Regal in die Gaststube. Das ist die persönliche Note vom Zimt und Zucker. Die großen alten Fenster und die Eingangstür lassen Luft und Sonne herein und geben den Blick frei auf die üppigen Holunder- und Kastanienbäume, unter denen die Terrasse platziert ist.
Die Decke erinnert ein bisschen an Michelangelo. Bemalt hat Jean Velenderic, der Besitzer, sie selbst. Alles ist hier selbst erdacht und umgesetzt. Seit 2008 hat der gebürtige Serbe und Grafikdesigner hier seine Bühne, seine eigene Szenerie. Sie symbolisiert, jeder ist willkommen. Genauso lässig und kunterbunt wie das Interior sind die Gäste. Viele kommen aus dem Gäu. Familien mit Kindern scheinen hier ebenso glücklich wie Pärchen, die verliebt ihre Zweisamkeit genießen, oder Freundinnen, die neueste Erlebnisse austauschen, kreative Köpfe, die hinterm Laptop verschwinden und Businesspeople, die ihre Zeitung lesen. Die Zeit, hat man das Gefühl, läuft hier irgendwie langsamer. Niemand hat Eile, man sitzt, redet miteinander, die Stimmung ist super. Und ganz nebenbei genießt man unglaublich leckere Speisen.
Das Frühstück – übrigens bis 14 Uhr – ist üppig und man kann nicht widerstehen, neben Müsli, Kaffee und Holunderblütenpunsch auch noch die leckeren Sunny-Pancakes zu bestellen. Der selbstgebackene Kuchen von Mama Velenderic ist göttlich und kommt vegan, laktosefrei oder glutenfrei über den Tresen. Übrigens, der Name ist Programm, denn auf jedem Tisch stehen Zimt und Zucker zum Versüßen von Speis und Tag. Die, die reinkommen, bleiben, denn sie fühlen sich einfach wohl.

- Zimt und Zucker, Weißenburgstraße 2c, 70180 Stuttgart, Tel. (07 11) 91 27 51 98
www.zimtundzucker-stuttgart.de
- ÖPNV: U-Bahn U1, U9, Haltestelle Österreichischer Platz

KNUSPER
HÄUSCHEN
GLÜCKS
Drache
TEA
ROOM

Ohne euch hätte ich manches nicht entdeckt. Ganz lieben Dank an

Alegra Cole (DJane), Ben Streubel (Moderator), Bernd Heidelbauer (Stuttgarter Original), Birgit Neußer (Die Landfrau), Heiko Volz (Journalist), Ingrid Krieger (Stadtführerin), Maria Prinzessin von Sachsen-Altenburg (Kinderglückswerk e.V.), Michael Zeyer (Gastronom), Petra Maria Huber, Veerle Ullrick (Relocaterin)

Wilhelm Betz (Fotograf) nicht nur für deinen Tipp, sondern auch für das tolle Bild von mir.

Kerstin Ruchay aus der Redaktion der Stuttgarter Zeitung und Stuttgarter Nachrichten, die für mich so manches textliche Kopfchaos gelöst hat.

Und natürlich allen Menschen an den Glücksorten, die mich so begeistert unterstützt haben.

Bibliografische Informationen der Deutschen Nationalbibliothek
Die Deutsche Nationalbibliothek verzeichnet diese Publikation in der Deutschen Nationalbibliografie; detaillierte bibliografische Daten sind im Internet über http://dnb.d-nb.de abrufbar.

3. Auflage 2022
Konzeption/Satz: Droste Verlag, Düsseldorf
Einbandgestaltung und Illustrationen: Britta Rungwerth, Düsseldorf unter Verwendung von Bildern von © Fotolia.com: jd – photodesign.de; © iStock: Plociennik Robert; Autorenfoto: Wilhelm Betz
Fotos: Emma von Bergenspitz, außer:
S. 29: Staatstheater Stuttgart; S. 53, 75, 89: Stuttgart-Marketing GmbH; S. 55, 153, 155: Stuttgart-Marketing GmbH/Achim Mende; S. 63 Sternwarte Stuttgart/Ottó Faragó; S. 83: Tripsdrill; S. 111: Amt für Sport und Bewegung Stuttgart; S. 113: Friedrichsbau Varieté; S. 117: Stuttgart-Marketing GmbH/Christoph Düpper; S. 133: Planetarium Stuttgart/Arge Lola; S. 139: arnold kumordzie | www.noldyx.com; S. 149: Schwabenquellen; S. 163: PhotoKunst Sabine Bloch Stuttgart; S. 165: Eins und Alles

FSC
www.fsc.org
MIX
Papier aus verantwortungsvollen Quellen
FSC® C011279

Druck und Bindung: LUC GmbH, Greven
ISBN 978-3-7700-2446-9

www.droste-verlag.de